10대를 위한

깜찍한
민법

최정호
오혜진
서윤호

다른

차례

6장

끝은 또 다른 시작—상속법

머리말
세상을 보는 또 하나의 시각

하루하루가 언제나 설렌다면 얼마나 좋을까요? 하지만 오늘은 어제의 반복이 아닐까 싶을 정도로 매일 거기서 거기인 것처럼 느껴지곤 합니다. 게다가 아직은 멀게만 느껴지는 스무 살. 항상 즐겁고 새로울 수 없다는 건 잘 알지만, 가끔은 일상이 참 재미없게 다가옵니다. 딱 '노잼'에 '노답'!

하지만 뻔한 일상에 나타난 소소한 변화가 삶에 즐거움을 더해 줄 때도 있어요. 예를 들어 여러분 가운데 누군가는 친구와 이야기하다 우연히 접한 록 음악을 듣고 심장이 뛰는 것을 느꼈을 겁니다. 또 부모님의 젊은 시절 이야기를 알게 된 뒤 갑자기 부모님의 뒷모습이 작아 보이는 경험을 하기도 하지요. 그런가 하면 어느 날 우연히 편의점에서 본 여학생이 나의 일상을 바꿔 놓기도 합니다. 매일 다니던 등굣길의 공기가 새삼 싱그럽게 느껴지고, 밤하늘에 반짝이는 별을 보며 엉뚱한 상상에 빠지기도 합니다. 일이 잘 안 풀리기라도 하면 세상 만물이 또 어찌나 슬프게 보이는지요.

이렇게 우리를 설레게 하고 감동을 주고 아프게 하는 수많은 이야기를 민법에서도 만날 수 있습니다. 민법에는 나와 다른 사람, 그리고 나와 사물이 맺는 관계에 관한 이야기가 생생하게 담겨 있으니까요. 편의점에서 사 먹은 삼각 김밥과 쉬는 시간에 자판기에서 뽑아 먹은 콜라 한 캔을 우리는 민법에서 '물건'이라는 이름으로 만날 수 있습니다. 물건을 가지게 되는 과정은 '계약'이라는 이름으로 만나게 되지요. 물건과 계약을 중심으로 하는 모든 재산 관계는 민법과 닿아 있습니다.

여기에서 끝나지 않습니다. 집에서 늘 보는 엄마와 아빠도 '가족'이라는 이름으로 민법에 규정되어 있습니다. 사랑하는 사람을 만나 결혼하고, 마음이 변해 이혼하고, 위자료 액수를 놓고 싸우고, 아이를 입양하고, 부모에게 상속받는 행위 역시 민법이 규정하고 있지요. 이렇게 민법에는 일상을 풍요롭고 재미있게 만드는 소소한 변화의 요소가 가득합니다.

물론 민법이라는 틀로 세상을 바라보는 것이 매력적이지 않게 느껴질 수 있습니다. 지금까지 여러분이 접한 민법은 계약이나 손해배상 같은 삭막한 것이었을 테니까요. 그러나 민법은 삭막하지 않습니다. 오히려 연애만큼이나 달콤 쌉싸름한 매력을 가지고 있지요. 민법도 연애처럼 서로 간의 합의로 이루어지는 관계들을 다룹니다. 마음이 맞아서 시작한 연애가 평생 같은 길을 함께 가는 든든한 관계로 발전하기도 하고, 딱 그만큼만 좋아했던 두 사람의 기억이 되어 잊히기도 하듯이, 민법이 다루는 관계들도 계속 변화하고 소멸하지요. 이 책에서는 민법의 이러한 매력을 살려서 '끔찍'할 것 같은 민법 이야기를 '깜찍'하게 풀어내고자 합니다.

이 책은 민법이 규정하고 있는 관계의 특징에 따라 여섯 개의 장으로 구성했습니다. 1장은 우리가 맺는 다양한 관계와 그에 따른 권리, 의무에 대한 일반적인 이야기가 담긴 민법 총칙을 다룹니다. 민법 전체를 관통하는 개념들을 살펴보며 뼈대를 잡아 갈 수 있을 것입니다. 2장에서는 개인과 개인의 계약으로 발생하는 채권인 약정채권을 다룹니다. 계약을 통해 채권이 발생, 변경, 소멸하는 과정을 규정한 채권 총론도 함께 설명합니다. 3장에서는 법률 규정에 의해 발생하는 채권인 법정 채권이 어떤 상황에서 발생하는지 알아봅니다. 4장은 물건을 비롯한 각종 재화를 지배하는 권리인 물권을 다룹니다. 2, 3, 4장에서 다루는 채권과 물권은 민법 중에서도 재산을 둘러싸고 맺어지는 관계를 규율하는 재산법입니다.

민법은 재산뿐만 아니라 가족 관계도 규정합니다. 5장에서는 사람과 사람 사이의 만남과 헤어짐을 가족이라는 이름으로 제도화한 친족법을 다룹니다. 마지막으로 6장에서는 세상을 떠난 사람과 남겨진 사람 사이의 가족 문제이자 재산 문제인 상속에 관해 살펴봅니다.

재활용 쓰레기일 뿐인 다 쓴 종이컵도 좋아하는 사람과의 추억이 담기는 순간 소중한 보물이 되듯이, 민법을 통해 삶을 바라보는 순간 지루하기만 하던 일상이 흥미롭게 느껴질 것입니다. 삶의 중요한 부분임에도 특별한 의미를 두지 않았던 소유, 매매, 가족, 상속

민법의 구성				
제1편 총칙	제2편 물권	제3편 채권	제4편 친족	제5편 상속
제1장 통칙 제2장 인 제3장 법인 제4장 물건 제5장 법률 행위 제6장 기간 제7장 소멸 시효	제1장 총칙 제2장 점유권 제3장 소유권 제4장 지상권 제5장 지역권 제6장 전세권 제7장 유치권 제8장 질권 제9장 저당권	제1장 총칙 제2장 계약 제3장 사무 관리 제4장 부당 이득 제5장 불법 행위	제1장 총칙 제2장 가족의 　　범위와 자녀의 　　성과 본 제3장 혼인 제4장 부모와 자녀 제5장 후견 제6장 친족회 　　(삭제) 제7장 부양 제8장 호주승계 　　(삭제)	제1장 상속 제2장 유언 제3장 유류분

모두 민법을 접하고 나면 새롭게 보일 테니까요. 또 지금의 민법이 고정된 진리는 아니며 수많은 사람이 서로 부딪히고 성장하며 발전시켜 온 것이라는 점도 알 수 있습니다. 이 점에서 민법 공부는 앞으로 또 어떤 질서를 만들어 가야 할지 고민하게 하는 계기가 될 것입니다.

본격적인 이야기로 들어가기 전에 호흡을 가다듬으시길! 이 장을 넘기면 매일 보던 평범한 일상이 다르게 보이기 시작할 겁니다.

깜찍한 민법과
만나는 시간

총칙

삼각 김밥을 샀을 뿐인데

일상 속의 민법

따사로운 햇살에 잠에서 깨어난 민호가 멍하니 앉아 있습니다.

'일요일인데 늦잠을 못 자다니…. 그나저나 오늘 뭐 하지?'

중간고사 끝나고 맞는 첫 휴일이라 재미있게 보내고 싶은데, 오늘 같이 놀러 가기로 했던 친구들 모두 사정이 생겼습니다. 가족들은 다 어디를 갔는지 보이지 않네요. 새벽같이 약수터라도 간 모양입니다. 한동안 가만히 앉아서 뭘 할지 고민하던 민호는 자리를 박차고 일어납니다.

'아, 배고파! 일단 뭘 좀 먹자.'

민호는 집 앞에 새로 생긴 편의점에 가서 삼각 김밥을 산 뒤 행복해하며 집으로 돌아갑니다.

'오랜만에 침대에 배 깔고 엎드려서 만화책이나 봐야지.'

자, 지금까지 살펴본 민호의 일상을 민법의 시선으로 해석하면 어떻게 될까요? 민호가 편의점에서 삼각 김밥을 사서 집으로 돌아간 이 단순하고도 평범한 이야기가 민법의 세계에서는 과연 어떻게 바뀔까요?

고등학교 1학년인 민호는 의사 능력을 가졌지만 만 19세가 되지 않아 행위 능력이 인정되지 않는 미성년자입니다. 미성년자는 원칙적으로 혼자서는 유효한 법률 행위를 할 수 없지만, 앞의 사례처럼 처분이 허락된 재산의 범위 안에서의 법률 행위는 할 수 있습니다. 민호가 편의점과 맺은 매매 계약은 유효하게 성립하여 양 당사자 사이에는 권리와 의무가 발생합니다. 민호에게는 소유권 이전 청구권과 대금 지급 의무가 발생하고, 편의점에는 소유권 이전 의무와 대금 지급 청구권이 동시에 발생하지요. 권리와 의무가 발생함과 동시에 민호는 삼각 김밥이라는 물건의 소유권을 취득하고, 집으로 가져가는 행위를 통해 점유권을 행사합니다. 그런데 만약 편의점이든 민호든 둘 중 한쪽이 의무를 위반하면 대금 지급 청구권 혹은 소유권 이전 청구권은 손해 배상 채권으로 변경됩니다. 불법 행위로 인정되어 손해 배상 채권이 새로 발생할 수도 있습니다. 배상이 이루어지지 않으면 민사 소송을 거쳐 판결을 받게 되고, 법원의 판결에도 불구하고 배상이 이행되지 않으면 강제 집행이 이루어집니다. 이렇게 민법의 세계에서 민호의 평범한 일상은 마치 안드로메다에 온 것처럼 복잡하게 바뀌고, 때로는 끔찍한 이야기가 되기도 합니다.

물론 편의점에서 구입한 삼각 김밥 한 개 때문에 강제 집행까지

당하는 일은 없을 겁니다. 그러나 민호가 삼각 김밥을 구입함으로써 민법의 세계로 들어왔다는 것은 부정할 수 없습니다. 그런데 어디선가 원망하는 소리가 들리는 것 같군요.

"어딜 봐서 저 이야기가 재미있냐! 아까는 민법이 깜찍하다며?!"

걱정 마세요. 끔찍해 보이는 민법의 세계를 지금부터 깜찍하게 풀어 보겠습니다.

도대체 민법이 뭐야?

민법의 특징과 역사

민법이란 재산 관계와 가족 관계에서 생기는 권리와 의무를 규정한 법입니다. 여기에서 권리란 생활 이익을 누릴 목적으로 어떤 일을 하거나 타인에게 요구할 수 있는 힘이고, 의무란 본인 의사와 상관없이 반드시 해야만 하는 행위입니다. 일반적으로 권리와 의무는 함께 붙어서 다닙니다. 권리와 의무에 대해서는 뒤에서 자세히 설명하겠습니다.

민법이 다루는 재산 관계를 먼저 살펴보겠습니다. 민법은 매매, 임대차, 소유, 담보 같은 재산 관계에서 발생하는 권리와 의무를 규정합니다. 예를 들어 물건을 구입한 구매자에게는 판매자에게 물건을 달라고 요구할 권리가 발생하고, 판매자에게는 구매자에게 값을 지불하라고 요구할 권리가 발생합니다. 물론 구매자와 판매자에게는 각각의 권리에 대응해 값을 지불할 의무와 물건을 줄 의무도 발생합니다. 물건을 사고파는 재산 관계에 관한 규정은 각자의 합리적인 이해관계를 반영합니다.

민법은 가족 관계도 다룹니다. 결혼, 이혼, 양육권, 유언, 상속과 같이 가족 관계를 둘러싼 권리와 의무를 규정합니다. 하지만 왠지 가족이라는 말에는 '법'이나 '권리'보다 '정'이나 '사랑'이 더 잘 어울리는 듯하지요. 이해타산에 따른 합리성을 중요하게 여기는 재산 관계와 달리, 가족 관계에서의 권리와 의무는 전통을 중요시하는 경향이 있습니다.

재산 관계와 가족 관계가 끊임없이 변화해 온 만큼 민법도 많은 변화를 겪었습니다. 우리나라의 민법은 일제 강점기에 식민 통치 수단으로 들여온 일본 민법에서 시작되었습니다. 해방된 뒤에도 한동안 일본 민법을 그대로 적용했지요. 그러다 1958년 우리나라의 민법이 탄생했고 1960년 시행되었습니다. 이후 18회의 개정을 거쳐 지금의 모습이 되었지요. 또 2015년 현재 정부가 검토하고 있는 민법 일부 개정 법률안은 한자어를 우리말로 순화한 내용이 반영되어 있습니다. 이 개정안은 아직 논의 중이지만 이 책에 반영했습니다. 이 밖에도 배우자에게 상속 선취분을 인정하는 개정안이 논의되는 등 민법은 부단히 변화하고 있습니다.

민법전에 실린 '형식적 민법'은 아니지만 재산 관계와 가족 관계를 다룬 '민법스러운' 법률도 많이 만들어졌습니다. 주택 임대차 보호법이나 후견 등기에 관한 법률 같은 민법 부속 법령이나 민사 특별법 등이 그 예입니다. 형식적 민법과 민사 특별법 등을 합쳐서 '실질적 민법'이라고 부릅니다.

다양한 민사 관련 법령이 존재하는 오늘날에는 형식적 민법만 알아서는 실생활에 당장 도움을 받기가 어렵습니다. 물론 실질적 민법 전체를 안다는 것도 쉬운 일은 아닙니다. 그러나 형식적 민법과 민법의 뿌리를 이루는 원리만 알면 각각의 사안에 적용되는 개별 법률을 보다 쉽게 이해할 수 있습니다.

10대를 위한 깜찍한 민법

오, 나의 자유!

근대 민법의 3대 원칙

민법의 원리는 생각보다 어렵지 않습니다. 거듭 말하지만 민법은 재산 혹은 가족 관계에서 누구에게 어떤 권리와 의무를 부여할지 정해 놓은 법입니다. 즉, 민법은 재산과 가족을 배경으로 하는 인간관계를 바탕으로 하지요. 그래서 인간관계가 어떻게 변해 왔는지 알면 각 시대를 지배한 민법의 원리를 쉽게 이해할 수 있습니다.

지금의 민법 질서가 형성되기 시작한 근대는 봉건 사회에서 막 벗어난 시기였습니다. 사람들은 신분 질서라는 굴레를 벗어던지고 자기 인생을 스스로 설계하고 싶어 했지요. 그리하여 '자유'가 중요해졌습니다. 당시의 자유는 국가로부터 간섭받지 않는다는 소극적인 의미에 머물렀습니다. 그래서 내 마음대로 결정한다는 사적 자치의 원칙, 내 물건은 건들지 말라는 소유권 절대의 원칙, 내가 결정해서 행동한 결과에 대해서만 책임을 진다는 과실 책임의 원칙이 자리를 잡습니다. 민호의 이야기를 통해 근대 이후 받아들여지고 있는 민법의 이 세 가지 원리를 알아보겠습니다.

오늘도 민호는 편의점에 갑니다. 요즘 유독 들뜬 표정으로 자주 가는군요. 왜 그럴까요? 편의점 계산대를 지키고 있는, 새로 온 아르바이트생에게 반했기 때문입니다. 그러나 민호는 번번이 말도 못 붙이고 삼각 김밥만 사서 나옵니다. 말을 걸기는커녕 눈도 못 마주치지요.

'내가 삼각 김밥을 좋아한다고 생각할까? 돈이 없어서 삼각 김밥만 산다고 생각하는 건 아닐까?'

상대방은 정작 신경도 안 쓸 텐데 혼자 고민합니다.

오늘은 기필코 말을 걸고 데이트 신청을 하기로 마음먹습니다. 민호는 편의점으로 들어가 제일 비싼 삼각 김밥을 집어 들고는 날렵하고 우아한 동작으로 계산대 앞으로 갑니다. 삼각 김밥을 계산대에 내려놓으며 세련되게 말합니다.

"여기 삼각 김밥 하나요. 그리고 전화번호 좀 주세요."

아르바이트생이 멈칫하더니 삼각 김밥의 바코드를 찍습니다.

"죄송하지만 유통기한이 지났어요."

판독기가 '삐' 하는 경고음을 냈고, 창피해서 얼굴이 붉어진 민호는 도망치듯 편의점을 나왔습니다.

개인이 법률관계를 맺을 때 온전히 자신의 자유로운 의사에 따르도록 하는 것을 **사적 자치의 원칙**이라고 합니다. 민호의 경우 계약 상대를 길 건너에 있는 슈퍼가 아니라 24시 편의점으로 정하고, 계약 내용을 버스 카드 충전이 아니라 삼각 김밥을 사는 것으로 정하고, 문서가 아닌 구두로 계약을 하는 등 법률관계에 관한 모든 것을 '내 마음대로' 했습니다. 계약이 맺어지는 순간 그 내용에 구속될 테니 처음부터 본인의 의사대로 정해야 한다는 것이지요. 편의점 아르바이트생에게 고백한 것도 고백할 대상과 방식을 스스로 결정했으니 사적 자치의 원칙을 따른 것이라고 볼 수 있습니다.

소유권 절대의 원칙은 개인이 가진 재산에 대해 어느 누구도 함부로 간섭할 수 없다는 것입니다. 민호에게 삼각 김밥을 넘겨줄지 말지는 어디까지나 편의점 주인의 마음에 달렸습니다. 그 삼각 김밥을 처분하는 것은 소유권자인 편의점 주인만이 할 수 있기 때문입니다. 우리는 자신의 재산권이 절대적으로 인정받길 원합니다. 자신의 물건은 남의 간섭 없이 온전히 소유하기를 바라니까요. 게다가 자본주의 사회에서 재산은 생명줄 그 자체이기도 합니다. 민호의 경우 삼각 김밥도, 편의점 아르바이트생의 마음도 민호의 것이 아니기에 간섭할 수가 없는 것이지요.

안타까운 사연이기는 하지만 민법은 삼각 김밥을, 그리고 아르바이트생의 마음을 얻지 못한 민호의 넋두리를 받아주지 않습니다. 민법은 누군가 정신적 또는 물질적 고통을 받았다 해도 상대방의 고의나 과실이 인정되는 경우에만 상대방의 책임을 묻기 때문입니다. 이것을 **과실 책임의 원칙**이라고 합니다. 자신이 한 행동에 대해서만 책임을 지면 된다는 것이지요. 다시 말해 모든 결과에 대해 책임을 져야 하는 것은 아니라는 뜻입니다. 덕분에 우리는 자신의 행동에 대한 결과를 예측할 수 있는 범위 안에서 자유롭게 행동할 수 있습니다. 과실 책임의 원칙은 사적 자치의 원칙을 반대로 표현한 것이기도 합니다. 민호의 경우 편의점 아르바이트생은 잘못이 없습니다. 유통기한이 지난 제품을 팔았다면 모를까, 팔면 안 되는 제품을 안 판 것뿐이니까요.

민호의 노트북 구매기

미성년자의 법률 행위

민법은 사람들이 사적 자치의 원칙에 따라 자신의 마음대로 결정한 것들에 힘을 부여합니다. 그러려면 일단 나와 상대방의 손뼉이 맞아야 하고, 손뼉을 맞추려면 나와 상대방 모두 원하는 것이 무엇인지 밖으로 드러내야 합니다. 이렇게 자신이 원하는 권리를 외부에 밝히는 것을 **의사 표시**라고 합니다. 민호의 경우에는 삼각 김밥을 사고 싶다는 의사 표시를 한 것이지요.

'삼각 김밥을 사겠다.'라는 의사 표시와 '삼각 김밥을 팔겠다.'라는 의사 표시가 만나 삼각 김밥 거래가 이루어지듯이, 의사 표시가 맞아떨어지면 그 내용대로 법적 효과를 가집니다. 전형적인 것이 법률 행위이지요. **법률 행위**란 법률 효과를 발생시킬 목적으로 하는 행위로, 하나 이상의 의사 표시를 필수적으로 가집니다. 유언처럼 일방의 의사 표시가 그 자체로 법적 효과를 갖기도 하지만, 원칙적으로는 나와 상대방이 의사 표시를 하고 서로의 표시 내용이 맞아떨어져야 비로소 법률 행위로 인정되어 법적 효력을 갖습니다.

다시 민호의 이야기로 돌아가 보겠습니다. 민호는 노트북을 사기 위해 아르바이트를 시작합니다. 마침 그 아르바이트생이 있는 편의점 근처에 일자리가 나서 바로 일을 구했지요. 그리고 드디어 꿈에 그리던 노트북을 구입했습니다. 그런데 막상 노트북을 사고 보니 후회가 됩니다.

'전에 쓰던 노트북도 아직 쓸 만한데…. 이 돈이면 콘서트도 가고 옷도 사고 친구들이랑 맛있는 걸 사먹고도 남는데…. 엄마한테는 뭐라고 하지? 허락도 없이 비싼 물건을 샀다는 걸 아시면 싫어하실 텐데….'

걱정이 밀려오자 민호는 잔꾀를 부립니다. 법정 대리인의 동의를 받지 않은 미년자의 법률 행위는 취소할 수 있다는 것이 생각난 것이지요. 부모님 동의를 받지 않은 민호는 노트북 거래를 취소하기로 마음먹습니다. 하지만 계약을 취소하겠다는 민호의 요구를 노트북 판매점에서 순순히 들어 주진 않습니다.

"달면 삼키고 쓰면 뱉는다더니! 이제 와서 무른다고?"

"죄송하지만 잘못된 건 잘못된 거잖아요. 앞으로는 신중히 계약할게요. 보세요, 미성년자니까 이렇게 실수도 하는 거잖아요."

판매점과 옥신각신하던 민호는 결국 이 사실을 어머니에게 알립니다. 민호 어머니는 경솔하게 행동한 민호를 꾸짖고 취소권을 포기하는 것으로 결론을 지었습니다.

그런데 만일 민호의 어머니가 취소권을 포기하지 않았다면, 민호는 계약을 취소할 수 있었을까요? 원칙적으로 미성년자의 계약은 취소할 수 있습니다. 자세한 내용은 다음 글에서 살펴보겠습니다.

삼각 김밥과 노트북의 차이
제한 능력자 제도

앞서 이야기한 것처럼 사적 자치의 원칙이 지배하는 민법은 개인의 의사를 중요시합니다. 그러나 합리적으로 형성된 의사만 법적으로 인정합니다. 합리적인 판단을 할 수 없는 사람임에도 국가가 개인의 자유를 존중한다며 무작정 손 놓고 있다면 그것은 진정으로 자유를 존중하는 것이 아닐 테니까요.

그래서 나온 개념이 의사 능력입니다. **의사 능력**이란 자신이 의도한 대로 됐을 때 법적으로 어떤 결과가 뒤따를지 합리적으로 판단할 수 있는 능력입니다. 대부분의 사람은 의사 능력자로 추정되지만, 정신 장애 등으로 인해 판단력이 떨어지는 사람들도 있습니다. 민법은 이들을 보호하기 위해 의사 능력이 없는 상태에서 이루어진 법률 행위의 효력을 인정하지 않습니다. 이 내용을 민법이 직접 선언하고 있지는 않지만, 근대 민법이 합리적인 의사를 전제로 한 사적 자치의 원칙을 따른다는 점에서 이것은 당연한 결정입니다.

하지만 거래할 때마다 상대방의 의사 능력을 판단하기는 어렵습니다. 그래서 등장한 것이 바로 행위 능력입니다. **행위 능력**이란 혼자서 법률 행위를 할 수 있는 능력을 말합니다. 일일이 확인하기 어려운 의사 능력을 눈에 보이는 기준에 따라 전형화한 것이지요. 민법은 원칙적으로 모든 사람이 행위 능력을 가지고 있다고 보고 예외적인 경우만 따로 정해 놓았습니다.

민법은 행위 능력이 기준에 미치지 못하는 사람들을 보호하고 있는데, 이들을 **제한 능력자**라고 합니다. 제한 능력자는 미성년자, 피성년후견인, 피한정후견인, 피특정후견인으로 나뉩니다. 미성년자 이외의 제한 능력자는 질병이나 장애 때문에 정상적인 거래가 곤란한 경우로, 법원의 판결을 통해 결정합니다. 다만 그 정도나 범위가 조금씩 다른데, 피성년후견인은 정상적인 거래를 지속적으로 할 수 없는 경우, 피한정후견인은 행위 능력이 있기는 하지만 부족한 경우, 피특정후견인은 특정한 사무와 관련해서, 또는 일시적으로 도움이 필요한 경우를 말합니다.

민호가 이미 정상적으로 성립되어 실행한 계약을 무를 수 있는 엄청난 힘을 가지는 이유는 민호가 미성년자이기 때문입니다. **미성년자**는 만 19세가 되지 않은 사람을 말합니다. 법원의 판결을 받아야 인정되는 다른 제한 능력자와 달리 미성년자는 연령을 기준으로 합니다.

민법은 미성년자를 보호하기 위한 규정을 몇 가지 두고 있습니다. 우선 미성년자가 법률 행위를 할 때는 법정 대리인의 동의를 얻어야 합니다. 그렇지 않으면 미성년자 측에서 법률 행위를 취소할 수 있습니다. 민호의 경우 바로 여기에 해당합니다. 물론 미성년자와 거래한 상대방도 거래가 취소될지도 모르는 불안정한 상태를 피하기 위해 미성년자 측에 태도를 분명히 하라고 요구할 수 있고, 거래를 무를 수도 있습니다.

그런데 미성년자도 법정 대리인의 동의 없이 혼자 할 수 있는 법률 행위가 있습니다. 빚을 면제하는 등 미성년자에게 전혀 해가 되지 않는 것들입니다. 용돈을 쓰는 것, 즉 처분이 허락된 재산을 가지고 법률 행위를 하는 것도 포함되지요. 그래서 삼각 김밥을 구입하는 것은 법정 대리인의 동의가 없어도 전혀 문제되지 않았던 것입니다.

권리란 무엇일까?
권리의 발생, 변경, 소멸

민법이 다루는 법률관계는 모두 권리와 의무로 설명됩니다. 그렇다면 도대체 권리란 무엇이고, 의무는 또 무엇일까요?

권리란 생활 이익을 실현시키는 법률상의 힘을 말합니다. 민호와 노트북 판매점이 계약을 맺는 순간 민호에게는 판매점으로 하여금 노트북의 소유권을 이전하도록 요구할 권리가 발생합니다. 반대로 판매점은 민호에게 노트북 값을 달라고 요구할 권리를 가지지요. 이때 각각의 권리에 대응하는 의무도 발생합니다. 판매점은 민호에게 노트북의 소유권을 이전할 의무를 지고, 민호는 판매점에 노트북 값을 지불할 의무를 집니다. 이처럼 권리와 의무는 서로 대응합니다.

<권리의 종류>

어떤 생활 이익을 얻는가? - 내용에 따른 분류		
재산권	물권	물건을 직접 지배해서 얻는 배타적 권리
	채권	특정인이 다른 특정인에 대해 일정한 행위를 요구할 권리
	지식재산권	정신적·지능적 창조물을 독점적으로 이용할 권리
인격권		권리 주체와 분리할 수 없는 인격적 이익을 누릴 권리
가족권		가족 관계나 친족 관계에서 일정한 지위에 따른 이익을 누릴 권리
사원권		단체의 구성원이 그 지위에 의해서 단체에 대해 가지는 권리
법률이 어떤 힘을 주었는가? - 효력에 따른 분류		
지배권		일정한 객체에 대해 직접 지배력을 발휘할 권리
청구권		특정인이 다른 특정인에 대해서 일정한 행위를 요구할 권리
형성권		일방의 의사 표시가 곧바로 법률관계를 변동시키는 권리
항변권		청구권의 행사에 대해서 그것을 막아 낼 권리

　　권리는 내용과 효력에 따라 다양하게 분류됩니다. 또 권리는 발생하기도 하고 변하기도 하고 사라지기도 합니다. 민호는 노트북의 소유권을 얻은 대신 노트북 값으로 지불한 돈의 소유권을 잃습니다. 판매점은 그 돈의 소유권을 얻고 노트북의 소유권을 잃지요. 이처럼 한쪽에서 권리가 발생하면 다른 한쪽의 권리는 소멸합니다. 물론 건물을 새로 지어서 발생한 소유권이나 어떤 물건이 파괴되어서 소멸한 소유권처럼 권리가 절대적으로 발생하고 소멸하는 경우도 있습니다.

　　그렇다면 권리와 의무가 발생하고 소멸하도록 만드는 것은 무엇일까요? 바로 법률 행위입니다. 앞에서 살펴봤듯이 어떤 법률 행위를 하느냐에 따라 그에 맞는 권리와 의무가 발생합니다. 그런데 또 다른 경우도 있습니다. 국가가 강제로 권리와 의무를 발생시키는 경우입니다. 예를 들어 민호가 야구를 하다가 윤식이네 집 창문을 깨뜨렸다고 생각해 보세요. 이때도 민호는 자신의 의사에 따라 법률 행위를 하면 될까요? 아닙니다. 민호는 윤식이네 창문 값을 배상해야 합니다. 윤식이에게는 민호로부터 배상받을 권리가 생기는 것이지요. 이런 경우는 법률에 별도로 규정한 것만 인정됩니다.

권리 행사의 한계
신의 성실의 원칙과 권리 남용 금지의 원칙

셰익스피어의 작품《베니스의 상인》을 읽어 보셨나요? 1600년 초판이 발행된 이 작품은 이탈리아에 전해 오던 옛날이야기를 각색한 희극으로, 아주 유명한 재판 장면이 나옵니다.

안토니오에게는 바사니오라는 친구가 있습니다. 어느 날 바사니오가 안토니오에게 돈을 빌려 달라고 부탁합니다. 벨몬트에 사는 포샤에게 청혼하러 가는데 여비가 필요했거든요. 안토니오는 부탁을 들어주고 싶지만 가진 돈이 없었습니다. 그래서 샤일록으로부터 배를 담보로 3000두카트(Ducat, 베네치아 공화국의 화폐 단위로, 1차 세계대전 이전까지 유럽 각국에서 통용됨)를 빌립니다. 안토니오는 바사니오에게 그 돈을 다시 빌려주었지요.

배를 담보로 받고 안토니오에게 돈을 빌려준 샤일록은 유대인 고리대금업자입니다. 샤일록은 만약 안토니오가 돈을 갚지 않으면 안토니오의 살 1파운드를 대신 받겠다는 내용의 증서를 작성합니다. 그런데 안타깝게도 바사니오는 사고가 나서 돌아오지 못하고, 안토니오는 샤일록에게 자신의 살 1파운드를 줘야 하는 상황에 놓입니다. 다행히 판사로 변장한 포샤가 명 판결을 내려 안토니오를 구합니다.

"계약대로 살을 베어 가라. 그러나 계약서에 피에 대한 이야기는 없으니 피가 한 방울도 흘러서는 안 된다!"

이 유명한 판결은 다양한 관점에서 이야기할 수 있습니다. 우리는 이 판결을 통해 신의 성실의 원칙과 권리 남용 금지의 원칙을 살

펴보려 합니다.

《베니스의 상인》의 배경이 된 시대에는 돈 대신 인육으로 갚는 계약도 사회적으로 인정됐습니다. 그리 오래지 않은 옛날에 사람을 노예로 사고팔기도 했으니 신체의 일부를 베어서 거래의 대상으로 삼는 것은 놀랄 일이 아닌지도 모릅니다. 하지만 샤일록은 안토니오가 나중에 두 배로 갚겠다고 하는 등 여러 제안을 했는데도 개인적인 앙심 때문에 살을 베려 했고, 샤일록의 이런 태도는 당시의 기준으로도 받아들여지지 않았습니다. 이때 샤일록에게 적용한 것이 '시카네(Schikane) 금지의 원칙'입니다. 남을 해치려는 목적이 있는 권리는 인정하지 않는다는 것이지요.

이 개념은 더욱 발달하여 오늘날까지도 이어지고 있습니다. 상대방의 신뢰에 어긋나지 않게 권리를 행사하고 의무를 이행해야 한다

10대를 위한 깜찍한 민법

는 **신의 성실의 원칙**과, 자신의 권리 행사가 다른 사람에게 해가 되지 않아야 한다는 **권리 남용 금지의 원칙**이 그것입니다. 이 두 가지 원칙에 반하는 경우 법은 그 권리를 실현시키지 않습니다. 또 이런 원칙에 반하여 의무를 이행할 경우 의무를 이행하지 않은 것으로 취급해서 그에 따른 책임을 지도록 합니다.

효력을 인정받지 못하는 법률 행위
무효와 취소

샤일록의 행동은 당시의 법을 기준으로 하면 권리 남용을 문제 삼을 수 있는 정도이지만, 오늘날 우리 민법에서는 권리로 인정조차 못 받습니다. 즉 샤일록의 의사 표시와 법률 행위 자체를 인정하지 않는 것이지요.

법률 행위가 효력을 인정받으려면 첫째, 당사자에게 자유롭고 합리적으로 판단할 의사 능력과 행위 능력이 있어야 합니다. 둘째, 의사 표시가 자유롭게 이루어져야 합니다. 다른 사람으로부터 속았거나 위협을 당해서 억지로 한 의사 표시는 인정받지 못합니다. 또 중요한 내용을 착각하고 결정한 의사 표시라거나 하는 문제가 없어야 합니다. 셋째, 법률 행위의 목적은 사회 구성원들이 받아들일 만한 내용이어야 합니다. 선량한 풍속이나 그 밖의 사회 질서를 위반하는 법률 행위는 무효라는 뜻이지요.

샤일록의 인육 계약은 오늘날의 관점에서 볼 때 **사회 질서를 위반한 법률 행위**이므로 법적 효력을 인정하지 않습니다. 이처럼 효력을 인정하지 않을 때 취할 수 있는 대표적인 방법은 무효와 취소입니다. **무효**란 애당초 법률 행위로 인정받지 못하는 것을 뜻하고, **취소**란 일단은 유효한 행위이지만 문제점이 발견되어 없었던 일로 취급하는 것입니다. 무효는 의사무능력자의 법률 행위, 처음부터 실현 불가능한 법률 행위, 강행 규정에 위반된 법률 행위, 선량한 풍속이나 기타 사회 질서를 위반한 법률 행위, 불공정한 법률 행위, 상대방이 알거나 알 수 있었던 진의(眞意) 아닌 의사 표시, 통정의 허위 표시, 즉 상대방과 짜고 거짓으로 한 의사 표시 등의 경우에 해당합니다. 취소는 무능력자의 법률 행위, 내용의 중요 부분에 대해 착오로 체결한 법률 행위, 사기나 강박에 의한 법률 행위 등의 경우에 이루어집니다.

예를 들어 설명하겠습니다. 샤일록의 인육 계약은 얼핏 보기에 계약이라는 법률 행위가 성립된 것처럼 보이지만 사회 질서를 위반한 법률 행위이므로 무효입니다. 따라서 샤일록은 처음부터 있지도 않았던 권리를 행사하겠다며 안토니오의 살을 베어서는 안 됩니다.

그런데 만약 안토니오가 샤일록에게 배를 판매하는 계약을 맺었는데 알고 보니 샤일록에게 속아서 맺은 계약이었다면 이는 사기에 의한 법률 행위로서 취소 사유가 됩니다. 즉, 계약 자체는 유효한 법률 행위로 인정받기 때문에 샤일록은 안토니오에게 배의 소유권을

이전하라고 청구할 수 있고, 그렇게 가져간 배는 정당한 이득으로 취급됩니다. 다만 사기에 의한 의사 표시를 기초로 법률 행위가 이루어졌기 때문에 안토니오에게 취소권이 발생합니다. 안토니오가 이 취소권을 행사하면 샤일록과 안토니오 사이에서 정당하게 오고 갔던 배와 돈은 다시 원래의 주인에게 돌아갑니다.

민법에서 정의란 무엇일까?
선의의 제3자와 시효 제도

민호가 너무나 안쓰러운 모습으로 방 안에 앉아 있습니다. 편의점 그녀에게는 이제 어떻게 말을 걸어야 할지 모르겠고, 충동 구매한 노트북도 어떻게 처리해야 할지 난감합니다.

민호는 노트북을 중고 시장에 팔기로 결심하고 중고 거래 웹사이트에 글을 올립니다. 얼마 지나지 않아 한 여학생이 노트북을 사겠다며 연락을 해 옵니다. 여학생이 사는 곳이 민호네 집 근처여서 민호는 노트북을 직접 만나서 주기로 합니다. 여학생은 자신이 일하는 편의점에서 노트북을 받아도 되겠냐고 물었고, 민호는 흔쾌히 그러겠다고 합니다.

그런데 막상 노트북을 건네주기로 한 날이 다가오자 민호는 고민이 됩니다. 노트북을 팔지 않고 그냥 써도 괜찮을 것 같습니다. 민호가 즐겨 하는 게임의 확장판이 최근에 나와서 새 노트북으로 해 봤는데 이전에 쓰던 노트북과 확실히 성능 차이가 느껴져서 더 고민이 됩니다. 하지만 그 여학생이 일하는 편의점이 어디인지 알게 된 민호는 노트북을 팔든 말든 일단 만나고 봐야겠다고 결심합니다. 그 편의점은 '그녀'가 일하는 곳이었거든요. 아, 하늘이시여!

여기에서 우리는 유효한 의사 표시의 요건을 짚어볼 수 있습니다. 앞에서 살펴본 것처럼 의사 표시가 법적으로 완전히 유효하려면 사기나 강박에 의하지 않은 온전한 자신의 의사여야 하고, 속마음과는 다른 거짓 의사 표시여서도 안 됩니다. 그러나 민호는 그녀와 만날 기회를 만들기 위해 가짜 의사 표시를 했습니다. 이런 마음에도 없는 의사 표시를 **진의 아닌 의사 표시**라고 부릅니다. 이런 의사 표시는 효력은 인정되지만, 민호의 의사 표시가 실제 의사와 다르다는 것을 상대방이 알았거나 알 수 있었다면 무효가 됩니다.

그런데 진의 아닌 의사 표시를 정의한 민법 규정을 보면 선의의 제3자에게 대항할 수 없다는 문구가 있습니다. 이 말은 진의 아닌 의사 표시를 한 민호와 편의점 그녀 사이에서 이루어진 거래를 기초로 제3자가 또 다른 거래를 한 경우 그 사람에게는 계약 무효를 주장할 수 없다는 말입니다. 여기에서 '선의'는 착하다는 것이 아니라 '사정을 모른다.'는 뜻이지요.

예를 들어 민호가 진의 아닌 의사 표시를 해서 편의점 그녀와의 법률 행위가 성립했는데, 누군가가 이런 사정을 모른 상태로 편의점 그녀로부터 그 노트북을 구입했다고 가정해 보겠습니다. 이때 민호의 의사 표시가 가짜라는 것을 편의점 그녀가 알게 된다면 민호의 의사 표시는 무효가 되어 계약은 없었던 것이 됩니다. 그런데 이럴 경우 편의점 그녀로부터 노트북을 구입한 사람에게 노트북을 돌려 달라고 하면 아무 사정을 몰랐던 그로서는 매우 당황스럽겠지요. 그 사람을 보호하기 위한 장치가 바로 선의의 제3자에게 대항할 수 없다는 규정입니다. 이 경우 민호는 노트북을 돌려받을 수 없고, 대신 편의점 그녀로부터 노트북 값을 돌려받습니다.

민법에는 선의의 제3자에 관한 규정처럼 이미 벌어진 상태를 그대로 유지시키는 규정이 또 있습니다. 바로 시효 제도입니다.《베니스의 상인》의 샤일록이 빌려준 돈을 못 받고도 돈 달라고 재촉하지 않고 10년을 보냈다고 해 보겠습니다. 10년이 지난 어느 날 갑자기 샤일록이 안토니오를 찾아가 돈을 갚으라며 마구 화를 낸다면 어떨까요? 안토니오도 조금 당혹스럽겠지요. 이처럼 권리를 오랫동안 행사하지 않다가 갑자기 행사하려 하는 경우 복잡한 일이 벌어질 수 있습니다. 권리를 행사하지 않은 오랜 시간 동안 많은 일이 일어날 테니까요. 이렇게 오랫동안 어떤 상태가 이어졌다면 그것이 원래 있어야 할 상태와 맞지 않더라도 그대로 두자는 것이 **시효 제도**입니다.

시효 제도에는 소멸 시효와 취득 시효가 있습니다. **소멸 시효**는 앞서 말한 샤일록의 경우처럼 돈 받을 권리가 없어지는 것을 말합니다. 일정한 기간이 지나면 마일리지가 없어지는 것과도 비슷하지요. 반면 **취득 시효**는 권리가 없는 사람을 권리자로 보는 것입니다. 소유권자는 있지만 사용되지 않던 땅을 20년 동안 경작한 사람에게 토지 소유권을 인정하는 경우가 여기에 해당합니다.

"하늘이 무너져도 정의는 세워라."라는 말을 들어봤나요? 이 말은 로마의 법학자 도미티우스 울피아누스(Domitius Ulpianus)가 한 것으로 알려져 있습니다. 불의를 볼 때면 이렇게 훌륭한 말이 있을까 싶게 느껴지는 말이지요. 국내의 어느 법과대학은 정의의 종을 만들어서 그 밑에 이 문구를 쓴 팻말을 매달아 두기도 했습니다. 그만큼 법에서 정의는 너무나 중요한 문제입니다. 선의의 제3자 보호도, 시효 제도도 못마땅한 부분이 있어 보일 겁니다. 정의롭지 않아 보일 수 있습니다. 하지만 정의는 한 가지 원칙을 그대로 밀어붙인다고 해서 실현되는 것이 아닙니다. 그 원칙과 충돌하는 다른 원칙과의 조화도 함께 고려해야 하지요.

두근두근, 새로운 만남
깜찍한 민법의 세계로!

민호는 집에 가는 길에 편의점을 들릅니다. 아주 오랜만이지요. 오늘따라 머리 모양이 마음에 안 들지만 꾸미느라 늦으면 초조해하는 마음을 들킬 것 같아서 거울만 얼른 보고 편의점으로 갑니다. 문을 열자 그녀가 보입니다. 가볍게 고개를 숙여 인사를 하고 노트북을 꺼내서 오늘 거래하기로 한 사람이 자신임을 밝힙니다. 그리고 떨리는 목소리로 사실 노트북 거래는 핑계고 이야기를 하고 싶어서 왔다고 말합니다. 그런데 믿기 힘든 대답이 돌아옵니다.

"저도 알고 연락한 거예요. 노트북을 중고 거래 웹사이트에 내놓을 거라는 말과 그 사이트에서 쓰는 닉네임을 우연히 들었거든요."

민호는 머릿속이 바빠집니다.

'아니, 이런! 이쪽에서도 진의 아닌 의사 표시를 한 것이니까, 그

렇다면 이것은 상대방과 짜고 거짓으로 한 의사 표시?!'

상대방과 짜고 거짓으로 한 의사 표시, 즉 통정 허위 표시란 말 그대로 각자 진의 아닌 의사 표시를 하되 거짓 의사 표시라는 점이 합의되어 있는 경우입니다. 그러니까 민호의 생각은 틀렸습니다. 이 경우는 단지 두 개의 진의 아닌 의사 표시가 있었던 것이니까요. 겉으로 드러난 가짜 법률 행위를 '가장 행위'라고 하고 진짜 원하는 법률 행위를 '은닉 행위'라고 하는데, 민호의 경우 상대방과 짜고 거짓으로 한 의사 표시는 아니지만 은닉 행위를 하듯 속뜻은 통했네요.

10대를 위한 깜찍한 민법

민호는 조심스레 아르바이트생의 이름을 물어봅니다.

"다솜이에요."

그렇게 민호는 다솜이에게, 다솜이는 민호에게 꽃이 되었습니다.

그리고 그들의 만남에 민법이 들어왔습니다.

청소년을 위한
제1회 민법능력평가

민법에서는 사람만이 권리를 가질 수 있습니다. 그럼 권리의 대상은 무엇일까요? 대표적인 것이 물건입니다. 그런데 민법이 물건으로 취급하는 것 중에는 단순히 물건이라고 하기에 못마땅한 것도 있습니다. 시체도 민법의 세계에서는 물건입니다. 하지만 누군가 시체를 판매한다면 우리 사회에서 받아들여지지 않을 것입니다. 의료 목적 같은 예외적인 경우를 제외하면요.

또 민법상 물건으로 취급되는 것들 중에는 생명을 가진 존재도 있습니다. 개, 고양이 같은 동물이 그렇고, 산과 밭에서 자라나는 식물이 그렇습니다. 그렇지만 이 경우에도 물건이라고 하기에 못마땅한 면이 있습니다. 온라인에서 주문한 물건을 택배로 받듯이 온라인으로 주문한 동물을 박스에 받아 택배로 받는 것은 언짢습니다. 실제로 배송 중에 눌려 죽는 동물도 굉장히 많습니다. 또 공장에서 물건을 많이 생산하는 것은 별 문제가 없어 보이지만, 종견장의 개가 평생 임신과 출산만 하며 개를 '생산'하다가 마지막엔 보신탕이 되고 마는 현실을 보면 이래도 되나 하는 생각이 듭니다.

앞으로도 민법은 동물을 물건으로 취급해야 할까요?

독일은 1990년 동물은 물건이 아니라고 민법에 규정했어. 그렇다고 인간도 아니니까 제3의 존재로 보기로 했지. 동물을 물건으로 취급하는 민법은 인간 중심적인 사고가 만들어 낸 문제일 수 있어. 백인 중심적인 사고 때문에 흑인 노예가 물건 취급을 받아야 했던 것처럼 말이야. 서로의 존재를 인정하고 존중하는 관계를 동물로도 확장해 보면 어떨까?

그 이야기는 나도 알고 있어. 하지만 민법은 인간이 사는 세계를 규율하는 것이니까 인간 중심인 게 당연해. 독일의 민법도 별다른 규정이 없으면 물건에 적용하는 규정을 동물에게 그대로 적용하고 있어. 물건으로 다루되 지금처럼 동물 보호법으로 보호하면 되지 않을까?

2장

너와 나의
약속

약정 채권

채권이란 무엇일까?

재산법과 계약

재산법은 채권법과 물권법으로 구성됩니다. **채권**이란 특정인이 다른 특정인에게 특정한 행위를 하도록 요구할 권리이고, **물권**이란 물건을 직접적으로 지배할 권리입니다. 2장에서는 재산법을 채권 중심으로 자세히, 끔찍하지 않고 깜찍하게 알아보겠습니다.

1장에서 살펴본 것처럼 민법은 돈 받을 권리나 돈을 줄 의무처럼 권리와 의무라는 법적 효과가 중심에 놓입니다. 법적 효과를 만들어 내는 원인, 즉 요건은 크게 법률 행위와 법률의 규정으로 나눌 수 있습니다. 2장에서는 '계약'이라는 법률 행위로 발생하는 권리인 약정 채권에 대해 살펴볼 것입니다.

계약으로 발생한 채권은 '약속으로 정한 채권'이라는 뜻에서 **약정 채권**이라고 합니다. 반면 사적 자치의 원칙에 따른 개인의 자유로운 법률 행위가 아닌 법률의 규정에 의해 발생하는 채권을 **법정 채권**이라고 합니다. 이것은 불법 행위를 당한 피해자에게 손해 배상 청구권이 발생하는 것처럼 법률의 규정에 따라 채권이 발생하는 경우입니다. 법정 채권이 발생하는 원인에는 불법 행위 외에도 사무 관리, 부당 이득이 있습니다. 자세한 내용은 3장에서 살펴볼 것입니다.

계약은 법률 행위의 한 종류이자 약정 채권을 발생시키는 원인입니다. 계약에 대해 자세히 살펴보기 위해 《베니스의 상인》에 나오

약정 채권   법정 채권

는 사례를 다시 꺼내겠습니다.

안토니오가 바사니오에게 돈을 빌려준다는 내용의 계약을 맺음으로써 안토니오에게 채권이 발생합니다. 바사니오에게는 채무가 생기지요. 권리에는 의무가 따라온다는 말 기억하지요? 채권이라는 권리에 대응하는 의무는 채무입니다.

채권을 발생시키는 계약은 채권 계약이라고 하는데, 그 종류가 다양합니다. 계약 내용에 따라 채권과 채무의 내용이 달라지지요. 안토니오와 바사니오가 맺은 계약은 소비 대차입니다. **소비 대차**란 한 번 사용하면 다시는 그 용도로 쓸 수 없는 물건인 돈이나 쌀 등을 빌려주고 갚는 계약을 가리킵니다. 빌려서 쓰고 나면 그 물건을 갚는 것이 불가능하기 때문에 빌린 물건과 같은 종류, 같은 품질, 같은 양의 물건으로 갚으면 됩니다. 금전 소비 대차의 경우 빌린 그 은행권을 그대로 돌려주는 것이 아니라 빌린 돈과 같은 액수의 돈을 갚기만 하면 됩니다. 반면에 안토니오가 돈이 아닌 배를 빌려줬다면 바사니오는 빌린 배를 그대로 돌려주어야 합니다. 이것을 **사용 대차**라고 합니다.

엿장수 맘대로!
계약의 종류와 채권의 효력

계약은 당사자의 의사 표시를 합치하여 만드는 법률 행위입니다. 당사자의 의사 표시가 합의에 이르면 법적 효과가 발생하지요. 계약을 성립시키기 위해 주고받는 의사 표시는 청약과 승낙이라고 합니다. 상대에게 계약 체결을 요청하는 행위를 청약이라고 하고, 이를 받아들이는 행위를 승낙이라고 합니다.

우리나라 민법은 어떤 종류의 채권 계약을 인정하고 있을까요? 안토니오와 바사니오는 소비 대차 계약을 맺었고, 민호와 노트북 판매점은 노트북 매매 계약을 맺었습니다. 소비 대차나 매매 말고 또 어떤 채권 계약이 있을까요?

채권 계약의 종류	
이름	내용
증여	당사자의 한쪽이 대가 없이 재산을 상대방에게 준다는 의사 표시를 하고 상대방이 그것을 승낙하여 성립하는 계약
매매	재화를 금전과 교환하는 계약

교환	금전 이외의 재산권을 서로 이전할 것을 약정하여 성립하는 계약
소비 대차	당사자의 한쪽이 금전 기타의 대체물의 소유권을 상대방에게 이전할 것을 약정하고, 상대방은 동종·동질·동량의 물건을 반환할 것을 약정하여 성립하는 계약
사용 대차	당사자의 한쪽이 상대방에게 무상으로 사용·수익하게 하기 위하여 목적물을 인도할 것을 약정하고, 상대방은 이를 사용·수익한 후 그 물건을 반환할 것을 약정하여 성립하는 계약
임대차	당사자의 한쪽이 상대방에게 목적물을 사용·수익하게 할 것을 약정하고, 상대방이 이에 대하여 차임을 지급할 것을 약정하여 성립하는 계약
고용	당사자의 한쪽이 상대방에 대해 노무 내지 노동을 제공할 것을 약정하고, 상대방이 이에 대하여 보수를 지급할 것을 약정하여 성립하는 계약
도급	당사자의 한쪽이 어떤 일을 완성할 것을 약정하고 상대방이 그 일의 결과에 대해 보수를 지급할 것을 약정하여 성립하는 계약
여행 (2016.2.4. 시행)	당사자 한쪽이 상대방에게 운송, 숙박, 관광 또는 그 밖의 여행 관련 용역을 결합하여 제공하기로 약정하고 상대방이 그 대금을 지급하기로 약정함으로써 효력이 생기는 계약
현상 광고	당사자의 한쪽이 특정의 행위를 한 자에게 일정한 보수를 지급할 의사를 광고에 의해 표시하고, 이에 응한 자가 그 광고에서 지정한 행위를 완료하여 성립하는 계약
위임	당사자의 한쪽이 상대방에 대해서 사무의 처리를 위탁하고, 상대방이 이를 승낙하여 성립하는 계약
임치	당사자의 한쪽이 상대방에 대하여 금전이나 유가 증권, 기타의 물건의 보관을 위탁하고, 상대방이 이를 승낙하여 성립하는 계약
조합	2인 이상의 특정인이 서로 돈을 내서 공동 사업을 경영할 목적으로 결합하는 것
종신 정기금	당사자의 한쪽이 자기나 상대방 또는 제3자가 사망할 때까지 정기로 금전, 기타의 물건을 상대방 또는 제3자에게 지급할 것을 약정하여 효력이 생기는 계약
화해	당사자가 서로 양보해서 그들 사이의 분쟁을 해결하고 끝낼 것을 약정하여 성립하는 계약

민법은 계약을 15가지로 규정하고 있습니다. 하지만 실제로 계약의 종류는 명쾌하게 나누기 어려운 경우가 많습니다. 만일 안토니오가 샤일록에게 배를 팔고 그 대가로 샤일록이 안토니오의 집을 지어 주기로 했다면 이건 어떤 계약일까요? 배의 소유권을 이전해 주고 대가를 받는다는 점에서는 매매 계약 같습니다. 그렇지만 그 대가는 금전이 아니라 집을 지어 준다는 것이지요. 집을 지어 주는 것은 '일의 완성'을 목적으로 하는 도급 계약의 요소도 가지고 있습니다. 채권 계약은 이처럼 복잡한 모습을 띠고 있기도 합니다.

민법이 채권 계약의 유형을 15가지로 규정한 이유는 사람들이 흔히 그런 내용의 계약을 맺기 때문입니다. 법률 행위는 당사자의 의사를 가장 중시한다고 했지요? 계약이라는 법률 행위를 어떤 내용으로 할지, 어떤 방식으로 할지, 누구와 할지는 어디까지나 계약하는 당사자의 자유입니다. 편의상 15가지 '예시'를 정해 놓은 것뿐이지요. 사적 자치의 원칙대로 자유롭게 채권의 유형을 만들어 낼 수 있습니다.

반면에 채권과 더불어 재산법의 큰 축을 이루는 물권의 종류는 8가지로 한정됩니다. 물권은 당사자가 아닌 제3자에게도 주장할 수 있는 강력한 권리이다 보니 명확한 관계를 공시하는 것이 중요합니다. 그래서 '물권적 합의', 즉 물권 계약을 통해 합의할 수 있는 권리의 내용을 8가지로 한정시키는 것이지요. 물권은 4장에서 자세히 살펴볼 것입니다.

그런데 채권이 발생한다는 것은 어떤 의미일까요? 채권은 어떤

효력을 가지고 있을까요? 채권이란 특정인이 특정 상대방에게 특정한 행위를 이행하도록 요구할 권리라는 것을 기억할 겁니다. 채권자는 채무자에게 계약 내용대로 이행하도록 청구할 권리를 갖는데, 이것을 **청구력**이라고 합니다. 그리고 상대방이 이행한 채무를 적법하게 보유할 수 있는 **급부 보유력**을 갖습니다. 한마디로 채권은 채권자가 채무자에게 자신의 권리를 정당하게 요구하고 정당하게 받도록 인정해 주는 힘을 가지고 있지요. 만일 샤일록이 안토니오에게 빌려주지도 않은 돈을 갚으라고 한다면 이 청구는 적법한 것으로 인정받지 못합니다. 그런데도 그 돈을 받아 냈다면 부당한 이득을 취한 것이므로 샤일록은 안토니오에게 그 돈을 돌려줘야 합니다.

또 다른 경우를 생각해 볼까요? 샤일록과 안토니오가 소비 대차 계약을 맺었는데 안토니오가 돈을 갚지 않는다면 샤일록은 안토니오가 빌린 돈을 갚도록 강제하거나 소송을 제기할 수 있습니다. 이러한 권리 역시 청구력으로부터 인정됩니다. 채권자가 돈을 받아

낼 수 있도록 국가가 도와주는 것이지요. 이때 샤일록의 채권은 손해를 배상받을 수 있는 채권으로 변합니다.

하지만 계약을 맺었다고 해서 모든 계약 내용이 법적으로 인정받는 것은 아닙니다. 샤일록의 인육 계약 사례에서도 살펴봤지요. 인육 계약까지는 아니더라도 뭔가 못마땅한 계약이 성사되는 경우는 오늘날에도 많습니다. 다솜이의 이야기를 들어 볼까요?

모든 계약을 자유에 맡겨도 될까?
사적 자치의 원칙의 수정

다솜이는 저녁 6시부터 12시까지 편의점에서 일합니다. 편의점 주인과 다솜이의 계약 내용에 따른 것이지요. 그런데 학교 수업을 마치고 6시까지 편의점에 가려면 저녁밥을 굶어야 합니다. 유통기한이 지나 폐기 등록된 삼각 김밥이 있으면 그나마 허기라도 채울 수 있지만 그것마저 없으면 내내 굶어야 합니다. 다솜이는 계속 이렇게 저녁밥을 굶으면서 일해야 할까요?

찰리 채플린의 대표작 〈모던 타임스〉의 주인공은 온종일 기계처럼 일합니다. 온 국민의 관심을 끌었던, 동명의 만화를 원작으로 한 드라마 《미생》에도 종일 고달프게 일만 하는 회사원들이 등장하지요. 예나 지금이나 노동자는 변함없이 고단합니다.

하지만 이런 관계는 사용자와 노동자가 '합의'한 결과입니다. 사용자와 노동자의 의사 표시가 맞아 떨어져서 계약이라는 법률 효과가 발생한 것이지요. 그래서 어떤 사람들은 이렇게 말하기도 합니다. 계약대로만 하면 된다고, 노동자가 노동 조건을 개선해 달라며 목소리를 높이는 것은 정치권으로부터 돈을 받고 하는 속이 시커먼 행동이라고, 일 안 하고 편하게만 지내려는 게으른 생각이라고요. 당장 나라 경제가 위태위태한데 자기만 혼자 편하게 지내려고 파업 같은 걸 한다고요.

과연 그럴까요? 그렇지 않습니다. 사람들은 산업 사회를 거치면서 사용자와 노동자 간의 계약에 국가가 개입할 필요가 있음을 깨닫기 시작했습니다. 노동자의 열악한 처지가 '울며 겨자 먹기' 식의 불공정한 계약 체결로 이어진다는 사실을 알게 되었기 때문이지요.

또 모든 사람은 합리적인 판단을 할 수 있는 평등한 존재이므로 국가가 사사로운 계약에 관여해서는 안 된다고 하는 근대 사회의 이념도 서서히 그 한계를 드러냈습니다. 물론 근대에도 신의 성실의 원칙이나 권리 남용 금지의 원칙을 통해 부당한 계약을 사후적으로 조정하기는 했지만 국가가 계약 자체에 개입하지는 않았지요.

산업 혁명기에나 오늘날에나 일할 사람은 넘쳐 나고 일자리는 적습니다. 그러니 아쉬운 사람은 억울한 게 있어도 군말 없이 시키는 대로 해야 합니다. 산업 혁명기에는 새벽부터 저녁까지 일하고 빵 하나를 배급받는다고 해도 일을 안 하면 그조차도 얻을 수 없기에 '손해 보는 장사'를 했습니다. 오늘날도 크게 다르지 않습니다. 수많

은 사람이 '열정 페이'를 받으면서 비정규직에 목매고 있지요. 이런 상황에서 이성적인 판단을 할 수 있는 평등한 사람들이 합리적으로 의사를 합치시킨다는 건 아득하게 먼 이야기일 뿐입니다.

국가가 계약에 관여해야 하는 또 하나의 이유가 있습니다. 사적 자치의 원칙은 '계약 자유의 원칙'이라고도 불립니다. 계약이야말로 우리가 자유롭게 결정하는 전형적인 법률 행위이기 때문이지요. 그런데 계약 자유의 원칙을 그대로 관철시키면 누구든지 계약 자체를 거부할 수도 있고, 독과점 같은 우월한 지위를 이용해서 많은 이익을 챙길 수도 있습니다. 의료, 전기, 가스 같이 공공재로서 중요한 의미를 갖는 재화를 계약 자유에 맡긴다면 곤란한 상황이 발생할 수 있겠지요. 의사가 환자의 성격이 마음에 안 든다며 응급 처치를 거부한다거나, 전력 공사나 가스 공사가 독점적 지위를 이용해 전기와 가스의 이용 가격을 마구 높인다면 사회적으로 논란이 될 겁니다. 그래서 국가가 계약에 간섭하고 계약 체결을 법률로 강제

10대를 위한 깜찍한 민법

하기도 합니다. 공공 영역에서만큼은 국가가 계약 당사자 사이에서 힘의 균형을 조정하는 것이지요.

이렇게 사적 자치의 원칙은 '공공복리'라는 이상과 관련을 맺으며 변화합니다. 자유 역시 '내 마음대로 할 자유'라는 차원을 벗어나 '너와 내가 더불어 살기 위한 자유'로 발전해 가고 있지요. 나의 자유와 너의 자유가 대립하는 것이 아니라 나의 자유에 너와의 관계가 포함된다면, 나와 세계는 대립하지 않고 공존하게 됩니다. 이것이야말로 우리가 추구해야 할 삶의 방향이 아닐까요?

다솜이의 열악한 노동 조건, 즉 밥도 못 먹고 일하는 노동 조건은 단순히 '당사자가 합의했으니 지켜야 한다'고만 말하기 어렵습니다. 다행히 다솜이처럼 휴식 시간도 보장되지 않는 근로 조건이나 말도 안 되는 수준으로 낮은 임금 문제를 해결하려는 노력은 어느 정도 결실을 보았습니다. 노동법으로 노동 조건의 최저 기준을 정해 놓았지요. 최저 기준도 지키지 않는 경우에는 사업자에게 불이익을 주어 노동 조건을 개선하도록 강제하고 있습니다.

변화하는 민법
민법의 진화와 노동법의 탄생

산업 사회를 거치면서 얻은 교훈은 본격적으로 법을 바꾸어 나가는 계기가 되었습니다. 우선 노동력을 제공하는 노동자와 생산 수단을 소유한 사용자의 경제적 실력 차이를 고려해야 한다는 문제의식이 등장했습니다. 이러한 문제의식은 계약 자유의 원칙을 수정하도록 만드는 또 하나의 원동력이 되었지요.

과실 책임의 원칙도 변화의 기로에 서게 됩니다. 고의나 과실이 증명된 경우에만 책임을 지는 과실 책임의 원칙을 철저하게 관철하면 노동자를 보호하기 어렵습니다. 반복 작업으로 피로가 누적되었거나, 열악한 작업 환경 탓에 건강이 악화되었거나, 여러 원인이 한꺼번에 작용해 손해를 입은 경우에는 고의나 과실을 증명하기 어려우니까요. 그래서 고의나 과실이 없더라도 그 노동자를 통해 이익을 얻은 사용자라면 일정액의 보상을 하도록 하는 산재 보상 제도를 도입하게 되었습니다. 그리고 단일 사업장에서 일어난 가장 큰 규모의 산업 재해로 기네스북에 오른 1980년대 원진 레이온 사건, 삼성반도체 황유미 씨의 죽음을 시작으로 최근 주목을 받기 시작한 반도체·전자 산업 노동자들의 직업병, 매년 2000여 명의 노동자가 일하다가 죽음을 맞이하는 오늘날의 노동 현실 등은 노동자의 안전·보건을 위한 제도적인 장치를 마련하도록 이끌었습니다.

또 과거에는 파업과 같은 쟁의 행위를 하면 사용자가 노동자에게 손해 배상을 청구했습니다. 파업은 노동자가 원하는 바를 관철하기 위해 사용자에게 실력 행사를 하는 행위로, 사용자를 압박해 힘의 균형을 맞추고자 하는 노력입니다. 하지만 이러한 맥락을 뚝 잘라내 버리면 파업은 다수가 소수를 협박하는 것으로 보이고, 민법의 기준에서는 사용자의 자유로운 의사를 방해하는 행위로 취급됩니다. 게다가 노동을 거부한다는 건 계약에 따라 노동력을 제공할 의무를 이행하지 않은 것이므로 채무 불이행 책임을 지게 됩니다. 또 노동을 거부한 기간 동안 생산을 못 해서 사용자에게 손해를 입혔으므로 그만큼 배상을 해야 하고, 불법 행위를 한 것으로 받아들여져 그에 대한 책임을 지게 되지요. 파업에 대한 이와 같은 부당한 처우를 개선하기 위해 수많은 사람이 문제 제기를 해 왔습니다. 덕분에 이제는 국가적으로 쟁의 행위를 인정하고 보장하기에 이르렀습니다.

이처럼 노동법은 근대 민법의 3대 원칙인 사적 자치의 원칙, 소유권 절대의 원칙, 과실 책임의 원칙이 사회 현실에 맞게 수정되면서 등장했습니다. 근로 기준법, 노동조합법, 최저 임금법, 기간제법 등을 통칭하는 노동법은 노동자의 존엄성을 보장하는 최소한의 기준으로 제 역할을 하게 되었지요. 하지만 여전히 문제는 남아 있습니다. 법률은 만들어졌지만 제대로 지켜지지 않고 있기 때문입니다.

다솜이는 근로 기준법에 휴식 시간이 보장되어 있지 않아서 저녁밥도 못 먹고 일을 한 것이 아닙니다. 반도체·전자 산업 노동자들 역시 산업 안전 보건법이 없어서 병들고 죽어간 것이 아닙니다. 법이 없어서가 아니라 법이 지켜지지 않아서 벌어진 일들입니다. 노동 법에 대한 고민이 더 복잡해지는 이유입니다.

민호와 다솜이의 어긋난 데이트
채무 불이행의 효과

오늘 민호와 다솜이는 영화를 보며 데이트를 하기로 했습니다. 그런데 다솜이가 약속 시간보다 1시간이나 늦게 왔습니다. 민호는 잔뜩 화가 났습니다.

민호: 왔구나? 1시간밖에 안 늦었는데 왜 벌써 왔어?

다솜: 미안해. 그렇지만 그런 식으로 비꼬지는 말아 줘. 영화 벌써 시작했지?

민호: 30분 전에 시작해서 영화표는 그냥 버렸어.

다솜: 만약 오늘 만나는 게 계약의 내용이었다면 해제의 문제가 발생했겠지?

민호: 응. 나한테 해제권이 생겨서 계약을 일방적으로 무를 수 있게 되지. 의사 표시나 계약 내용에 아무 문제도 없는, 완전히 유효한 계약이었는데도 말이야.

다솜: 손해 배상 문제는?

민호: 마찬가지로 발생하지. 물론 해제도, 손해 배상도 채무가 이행되지 않았다는 사실뿐만 아니라 너에게 고의나 과실이 있다는 점까지 인정되어야 발생하지. 하지만 이건 계약이 아니라 데이트니까 그런 일은 발생하지 않아.

채무가 이행되지 않으면 채권자는 채무자에게 채무를 이행하라고 요구할 수 있습니다. 채권자는 적당한 기간을 정해서 '언제까지 이행하지 않으면 계약을 해제한다'고 경고할 수 있으며, 그럼에도 채무자가 그 기간 안에 채무를 이행하지 않으면 채권자에게 해제권이 발생합니다. 해제 이후에는 법률관계가 없어지면서 뒤처리 문제가 발생하는데, 이건 3장에서 살펴볼 부당 이득법에 따라 처리됩니다.

채무 불이행으로 인한 손해 배상은 채무자의 잘못으로 이행이 불가능해졌거나, 이행이 지체되었거나, 채무가 이행되었지만 불완전한 경우여야 청구할 수 있습니다. 채무 불이행으로 손해 배상 청구권이 발생하면 불법 행위로 인한 손해 배상의 요건도 갖추게 됩니다. 둘 중 어느 것을 행사할지는 채권자가 결정하지요. 불법 행위로 인한 손해 배상은 3장에서 살펴볼 것입니다.

손해 배상의 원인은 다르지만 '채무 불이행으로 인한 손해 배상 청구권'도, '불법 행위로 인한 손해 배상 청구권'도 손해의 범위를 정하는 방식은 같습니다. 다만 구별해야 할 점이 있는데 채무 불이행으로 인한 손해 배상 책임은 원래의 채권 관계가 채무 불이행이라는 사정 때문에 변형된 것입니다. 즉 물건을 받을 권리 또는 돈을 받을 권리가 손해 배상 채권으로 '변경'된 것입니다. 반면 불법 행위로 인한 손해 배상 청구권은 기존의 채권 관계를 전제로 하지 않는 채권의 '발생' 사유입니다. 법정 채권이 발생한 것이지요.

이처럼 채무를 이행하지 않은 경우 손해 배상 책임이 발생합니다. 그런데 계약을 취소해도 손해 배상 책임을 묻지 않도록 한 제도가 있습니다. '청약 철회'라는 것인데, 물건을 구입한 소비자가 마음이 변해 구입을 취소해도 원칙적으로 손해 배상 책임을 지지 않도록 정해 놓은 제도입니다. 모든 소비자 거래에서 인정되는 것은 아니며, '전자 상거래 등에서의 소비자 보호에 관한 법률'에 따라 전자 상거래, 방문 판매, 전화 권유 판매, 다단계 판매, 할부 거래에 적용됩니다. 청약 철회의 결과는 무효, 취소, 해제와 비슷합니다.

철회 기간은 분야에 따라 다른데 우리가 자주 이용하는 전자 상거래의 경우 소비자는 계약서를 받은 날로부터 7일 안에 청약 철회를 할 수 있지만, 물건을 계약서보다 늦게 받았다면 물건을 받은 날부터 7일 안에 하면 됩니다. 보통 물건을 더 늦게 받으니 받은 날부터 계산하면 되지요. 이런 청약 철회는 소비자가 의사를 표시하면 바로 효과가 발생합니다.

그런데 소비자의 잘못으로 물건이 망가졌거나 물건을 사용해서 상품 가치가 떨어진 경우 판매자의 동의가 있어야 청약 철회를 할 수 있습니다. 포장을 뜯는 정도는 이 경우에 해당하지 않아서 일방적 청약 철회가 가능하지요. 그리고 사소한 잘못으로 물건을 돌려보내지 못하는 사태가 발생하지 않도록 판매자는 포장에 주의할 것을 명확히 안내하거나 시험용 상품을 같이 보내는 등의 조치를 해야 합니다.

하지만 주문한 것과 다른 물건이 왔다거나 광고와는 많이 다른 물건을 받았을 경우에는 판매자의 잘못을 고려해 무조건 일방적으로 청약 철회를 할 수 있습니다.

변제와 함께 사라지다
채권의 소멸

채권도 권리이므로 발생, 변경, 소멸합니다. 하지만 채권에는 특유의 소멸 사유가 더 있습니다.

채권은 우선 채무가 이행된 경우에 소멸합니다. 돈을 갚거나 값을 지불하거나 물건의 소유권을 이전하는 등의 경우에 해당합니다. 이것을 **변제**라고 부릅니다. 만일 채권이 금전과 관련된 것이라면 또 다른 상황도 벌어질 수 있습니다. 상대방에게 받을 돈이 있는데 나 역시 상대방에게 줘야 할 돈이 있을 경우 서로 비겨 '없애는' 것이지요. 놀랍게도 민법은 이러한 경우까지 반영하고 있습니다. 이것을 **상계**라고 합니다.

채무를 변제하는 데 상대방의 도움이 필요한 경우도 있습니다. 약속한 날짜에 값을 지불하려고 해도 상대방이 연락을 안 받는다거나 약속 장소에 나오지 않으면 채무를 이행할 길이 없어집니다. 이런 경우를 '채권자 지체'라고 하는데, 이럴 때는 **공탁**이라는 방법을 쓸 수 있습니다. 돈이든 일반적인 물건이든 채권자에게 전달할 물건을 공탁소에 맡겨 두고 채권자가 알아서 받아 가게 만드는 것이지요. 공탁소는 각 지방의 지방 법원이나 지원 소재지에 있습니다.

또 부모와 자식 사이에 거래가 이루어졌는데 한쪽이 사망해서 상속이 이루어지는 경우에도 채권이 사라집니다. 이처럼 채권자와 채무자가 동일해지는 경우를 **혼동**이라고 하며, 채권을 존속시킬 필요가 없으므로 채권이 소멸합니다. 채권을 포기하는 **면제**나 이미 있던 채권을 대신해 새로운 채권을 만드는 **경개**도 기존의 채권을 소멸시킵니다.

그런데 채권 관계에 여러 사람이 등장하면 조금 복잡해집니다. 당사자의 한쪽 또는 모두가 둘 이상인 경우입니다. 민호와 다솜이의 이야기를 통해 살펴보겠습니다.

민호와 다솜이는 어느덧 만난 지 100일이 되었습니다. 두 사람은 선물을 주고받는 대신 둘만의 추억을 담을 카메라를 함께 구입하기로 합니다. 그리고 판매원을 대상으로 카메라 매매 계약을 맺습니다. 민호와 다솜이는 카메라의 소유권 이전 청구권을 갖는 동시에 대금 지급 의무를 부담합니다. 또 판매원은 소유권 이전 의무를 부담하는 동시에 대금 지급 청구권을 갖습니다.

그런데 이처럼 채권 관계의 한쪽이 둘 이상인 경우 이행을 청구하거나 변제하는 방식이 일대일 관계일 때와 달라집니다. 예를 들어 카메라를 30만 원에 구입하는데 민호와 다솜이가 15만 원씩 내기로 한다면 두 사람은 각각 판매원에게 15만 원을 지급할 의무를 집니다. 이런 경우를 **분할 채무**라고 합니다. 이때 판매원은 민호와 다솜이에게 각각 별도로 이행을 청구해야 합니다. 물론 실제로는 민호나 다솜이 둘 중 한 사람이 판매원의 요청에 따라 전액을 지불하고 다른 한 사람이 전액을 지불한 사람에게 자기 몫을 주는 방식으로 처리할 가능성이 큽니다.

그런데 문제가 좀 더 복잡해지는 경우가 있습니다. 민호가 돈을 혼자 지불하기로 하고, 민호가 돈을 못 낼 경우 다솜이가 갚기로 하는 **보증 채무**가 그렇습니다. 민호의 채무가 이행되지 않을 가능성이 클 때 하는 방식인데, 그래서 채권자가 처음부터 보증인인 다솜이에게 돈을 내라고 할 수도 있습니다. 이럴 경우 다솜이는 채권자한테 민호에게 먼저 이야기해서 받아 내라고 항변할 수 있습니다.

또 민호와 다솜이가 함께 채무를 지는데 상대방인 채권자가 민호와 다솜이 둘 중 누구에게든 전액을 요구할 수 있는 경우가 있습니다. 이것을 **연대 채무**라고 합니다. 보증 채무나 연대 채무 모두 외적

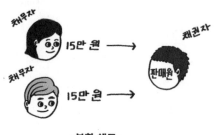

<분할 채무>

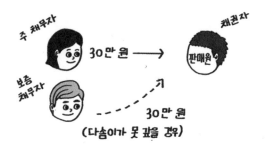

<보증 채무>

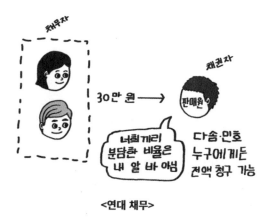

<연대 채무>

10대를 위한 깜찍한 민법

으로는 두 사람 모두에게 채무 이행 청구와 변제 효력이 있습니다. 대신 채무 면제나 채권 포기와 같은 사유는 그렇지 않습니다. 분할 채무는 각자에게 별도의 영향을 미치지만 보증 채무나 연대 채무는 모두에게 영향을 미칩니다. 대신 내부적으로 어떻게 처리하느냐의 문제가 남습니다.

손해 배상은 발생한 손해를 보전하는, 즉 메우는 제도입니다. 그런데 이 제도에는 사라졌다가 나타나기를 반복하고 있는 화두가 하나 있습니다. 바로 '징벌적 손해 배상'입니다. 이것은 불법 행위의 도가 지나치면 발생한 손해보다 더 많은 액수를 벌주듯이 얹어서 부과하는 것입니다. 19대 국회에 제출되어 있는 '기업 살인 처벌 법안'에도 안전 관리가 미흡해서 많은 노동자가 사망하거나 상해에 이른 경우 발생한 손해의 3배를 배상하도록 하는 조항이 있습니다.

이런 규정은 피해자를 보호하는 역할을 할 수도 있지만 과도하다는 논란도 있을 수 있습니다. 우리도 징벌적 손해 배상 제도를 도입해야 할까요?

이런 규정이 있으면 피해자를 더
안전하게 보호할 수 있어. 기업 살인
처벌 법안 같은 징벌 규정이 제도화되면
기업에게 노동자의 안전에 대한 경각심을
갖도록 하는 효과도 있겠지. 앞으로 더
적극적으로 도입해야 하지 않을까?

민법의 역할은 발생한 만큼의 손해를
배상하도록 하는 정도면 충분해. 징벌의
문제는 형법의 영역이니까. 기업 입장에서도
발생한 손해의 3배를 배상한다는 것은
부당하게 받아들여지지 않을까?

3장

책임을 정당하게 분배하다

법정 채권

집단 따돌림과 민법

손해 배상 청구권

TV를 보던 다솜이는 중학생이던 3년 전의 그날을 떠올립니다. TV 뉴스에는 따돌림을 견디다 못해 세상을 떠난 학생의 사연이 흘러나오고 있습니다. 이런 일이 벌어지고 있는지 몰랐다며 당황하는 학교 관계자의 모습, 요새 애들은 너무 무섭다고 말하는 어느 시민의 인터뷰를 보니 그날 일이 자꾸 떠오릅니다.

3년 전 그날 아침 교실로 들어간 다솜이는 한 친구의 책상 위에 놓인 국화를 발견했습니다. 반 친구들은 훌쩍거리며 울고 있었고, 교실 앞에는 담임선생님이 고개를 떨군 채 서 계셨습니다. 다솜이가 자리에 앉자 담임선생님은 슬픈 표정으로 충격적인 이야기를 들려주었습니다. 국화가 놓인 책상의 주인이 전날 밤 아파트 옥상에서 떨어져 자살을 했다는 이야기였습니다.

'선희였나, 선화였나? 아니, 성희였나….'

이제는 친구의 이름도 잘 기억나지 않습니다. 그리 오래되지도 않았는데…. 그 친구는 다솜이에게 그냥 그 정도 존재였나 봅니다.

그 친구의 학교생활이 처음부터 나쁘진 않았던 것 같습니다. 그런데 언젠가부터 다른 친구들에게 괴롭힘을 당하는 모습이 종종 눈에 띄었습니다. 그 친구와 함께 다니던 아이들은 다 같이 모여 급식을 먹다가도 그 친구가 자리에 끼면 자리를 옮기곤 했습니다. 대 놓고 손가락질을 하며 비웃기도 하고 어깨를 툭 치며 지나가기도 했습니다.

그렇게 한참을 괴롭힘당하던 그 친구는 결국 죽음을 선택했습니다. 그리고 얼마 후 그 친구의 부모님이 담임선생님을 상대로 손해 배상 청구 소송을 제기했습니다.

그런데 다솜이는 몇 가지 궁금증이 듭니다. 그 친구의 부모님은 어째서 그 아이를 괴롭힌 적도 없는 담임선생님에게 손해 배상을 청구했을까요? 다른 사람의 잘못을 대신 배상하는 것이 과실 책임의 원칙에 비추어 적절할까요? 그동안 다솜이는 채권은 계약과 같은 법률 행위가 있어야 발생한다고 생각했는데 꼭 그런 것도 아닌가 봅니다. 사람이 사망했는데 왜 처벌이 아닌 손해 배상 문제를 제기하는지도 궁금합니다.

부 모 님 　　　　　 담임선생님

계약하지 않아도 발생하는 채권

법정 채권 발생 사유

다솜이 친구의 부모님이 담임선생님을 상대로 손해 배상 소송을 제기할 수 있는 민법적 근거를 알아보겠습니다. 손해 배상을 청구한다는 것은 발생한 손해를 메워 줄 금전을 달라고 청구하는 것입니다. 이것은 채권이 발생해 청구력과 급부 보유력을 가지고 있어야만 가능한 일이지요. 그렇다면 과연 다솜이 친구의 사건에서 채권은 언제 발생한 걸까요?

이 경우 당사자가 계약을 맺은 적은 없습니다. 하지만 불법 행위라는 법률의 규정에 의해 채권이 발생합니다. 민법은 이처럼 채권이 발생할 만한 상황을 미리 예상해 법률로 규정해 놓고 있습니다. 이를 **법정 채권**이라고 하고, 법정 채권을 발생시키는 원인을 법정 채권 발생 사유라고 합니다. 민법이 규정하는 법정 채권 발생 사유에는 사무 관리, 부당 이득, 불법 행위가 있습니다.

그런데 법정 채권은 왜 필요한 걸까요? 당사자의 의사를 중요시하는 민법이 어째서 당사자의 의사와 무관하게 권리와 의무를 발생시키는 장치를 둔 것일까요? 바로 책임의 분배를 공평하게 하기 위해서입니다. 당사자의 의사와 관계없이 채권을 발생시켜야 책임이 공평하게 분배되는 상황도 있다는 것이지요. 민호가 야구를 하다가 실수로 남의 집 창문을 깨 버린 경우까지 당사자가 알아서 처리하도록 한다면, 창문 값을 달라고 하는 집주인에게 민호는 일부러 그런 것이 아니라며 요구를 거절해 버릴 수 있습니다. 민호는 책임을 회피하고 집주인은 피해를 고스란히 떠안게 되는 상황을 두고 책임이 정당하게 분배되었다고 볼 수는 없지요.

그렇다면 법정 채권은 언제 발생하는 걸까요? 지금부터 다솜이의 이야기를 통해 법정 채권 발생 사유를 하나씩 살펴보겠습니다.

며칠 전 다솜이는 집에 혼자 있다가 어머니 앞으로 온 택배를 받았습니다. 착불로 온 택배라 다솜이가 비용을 지불했지요. 다솜이는 어머니와 어떤 계약을 했기 때문에 비용을 지불한 것이 아닙니다. 호의로 한 행동이지요. 이 같은 호의적인 행동은 삶의 곳곳에서 일상적으로 일어납니다. 실수로 물을 쏟은 친구를 대신해 물을 닦아 주기도 하고, 집 앞에서 울고 있는 아이에게 우유 한 팩을 사 먹이며 달래기도 하지요. 이처럼 법적인 의무 없이 다른 사람의 일처리를 대신 하는 경우를 **사무 관리**라고 합니다. 그리고 사무 관리를 한 사람은 그 일에 투입된 비용을 도움 받은 사람에게 청구할 수 있는 법정 채권을 얻습니다. 다솜이가 배송 비용을 지불하는 순간 다솜이에게는 어머니에게 그 비용을 청구할 권리가 생긴 것이지요.

또 권리와 의무를 발생시킬 법률상 원인이 없는 상황에서 다른 사람에게 손해를 끼치고 자신은 이익을 보는 경우를 **부당 이득**이라고 하고, 손해를 본 사람에게는 부당하게 빼앗긴 것을 돌려받을 법정 채권이 발생합니다. 다솜이의 예를 들어 볼까요? 다솜이는 온라인으로 컬러 렌즈를 주문해서 쓰는데, 물건을 받고 보니 원하는 색

깔이 아니어서 반품을 할 때가 있습니다. 컬러 렌즈 매매 계약을 취소하는 것이지요. 그럼 판매업체는 다솜이로부터 받은 돈을, 다솜이는 판매업체로부터 받은 컬러 렌즈를 각각 반환해야 합니다. 취소하는 순간 컬러 렌즈 매매 계약은 처음부터 없었던 것이 되기 때문입니다. 이때 다솜이와 판매업체는 각각 컬러 렌즈의 소유권과 금전 소유권을 법률상의 원인 없이 가지고 있으면서 자신은 이득을 보고 상대에게는 손해를 주는 것으로 평가됩니다.

불법 행위는 고의나 과실로 위법한 행위를 저질러서 다른 사람에게 손해를 입힌 경우입니다. 이때 피해를 입은 사람에게는 가해자로 하여금 손해를 배상받을 수 있는 손해 배상 청구권을 갖게 됩니다. 앞에서 이야기한 다솜이 친구의 경우 그 친구의 부모님이 담임선생님에게 손해 배상을 청구할 수 있었던 것도 바로 불법 행위로 법정 채권이 발생했기 때문입니다. 그렇다면 다솜이 담임선생님은 어떤 불법 행위를 한 것일까요?

담임선생님에게도 책임이 있을까?
일반 불법 행위와 특수 불법 행위

민법은 다솜이 친구에게 일어난 사건을 다음과 같이 해석합니다.
　'다른 사람을 괴롭히는 건 법질서에 어긋나는 행동이야. 그런데 누군가 다른 사람을 괴롭히는 행동을 했고, 그로 인해 사람이 사망했어. 그 사람의 부모에게는 정신적인 손해가 발생했지. 사망 자체도 손해야. 고의 또는 과실에 의한 위법 행위로 손해가 발생한 거야. 그러므로 가해자는 피해자의 손해를 배상해야 해!'

이처럼 손해 배상은 가해자가 저지른 행동의 위법성, 가해자의 고의 또는 과실, 손해의 발생, 가해 행위와 손해 사이의 분명한 인과 관계가 있어야 청구할 수 있습니다. 그런데 행동의 위법성, 고의 또는 과실, 손해 발생, 인과 관계와 같은 조건은 책임 능력이 있다는 전제하에 논의됩니다. **책임 능력**이란 자신의 행동이 위법인지 아닌지 판단할 수 있는 능력입니다. 우리 민법은 일반적으로 만 13세가 넘으면 책임 능력을 인정합니다.

다솜이 친구의 부모님은 가해 학생들에게 불법 행위로 인한 손해 배상의 의무를 지게 할 수도 있습니다. 그러나 중학생인 아이들이 감당하기에는 너무 가혹한 일이라고 판단해 아이들 대신 담임선생님을 상대로 손해 배상을 청구한 것이지요. 가해자가 아닌 다른 사람에게 손해 배상 청구를 한다는 게 이상해 보일 수도 있습니다. 자신에게 과실이 있는 문제에 대해서만 책임을 지도록 규정한 과실 책임의 원칙에 어긋나는 것처럼 보일 테니까요. 이 문제는 과실 책임의 원칙이 20세기에 들어 어떻게 변했는지 알아야 이해할 수 있습니다.

근대의 민법은 자신의 고의나 과실로 손해를 발생시켰을 때만 배상의 책임을 지는 과실 책임의 원칙에 충실했습니다. 그러나 산업이 고도로 발전하면서 이러한 시각에 변화가 생깁니다. 자본주의의 발달과 더불어 점점 더 많은 이윤을 가져가게 된 기업이 자신들은 막대한 이윤을 챙기면서도 기업 활동으로 각종 피해가 생겼을 때는 과실을 증명하기 어렵다는 점을 이용해 책임을 지지 않았던 것입니다.

예를 들어 볼까요? 공장에서 내보내는 오염 물질 때문에 공장 주변에 사는 주민들이 피해를 입은 경우, 관련 내용이 너무 전문적이라 주민들이 직접 공장의 과실을 증명하기는 어렵습니다. 분명 피해를 입었는데 과실을 증명하지 못해 배상도 받지 못하는 상황이 벌어지지요. 이처럼 불공정한 상황이 반복되자 민법은 특정한 경우에 한하여 과실이 없는 사람에게도 책임을 묻기에 이릅니다. 이것을 **무과실 책임**이라고 합니다. 그리고 과실이 증명되지 않아도 책임을 지도록 하는 **특수 불법 행위**를 별도로 규정합니다. 고의나 과실을 증명해야 배상의 책임을 물을 수 있는 **일반 불법 행위**와 다르지요. 특수 불법 행위는 다음과 같이 나눌 수 있습니다.

특수 불법 행위의 종류	
주체	내용
책임무능력자의 감독자	제755조(감독자의 책임) ① 다른 자에게 손해를 가한 사람이 제753조 또는 제754조에 따라 책임이 없는 경우에는 그를 감독할 법정 의무가 있는 자가 그 손해를 배상할 책임이 있다. 다만, 감독 의무를 게을리하지 아니한 경우에는 그러하지 아니하다. ② 감독 의무자를 갈음하여 제753조 또는 제754조에 따라 책임이 없는 사람을 감독하는 자도 제1항의 책임이 있다.

사용자	제756조(사용자의 배상 책임) ① 타인을 사용하여 어느 사무에 종사하게 한 자는 피용자가 그 사무 집행에 관하여 제삼자에게 가한 손해를 배상할 책임이 있다. 그러나 사용자가 피용자의 선임 및 그 사무 감독에 상당한 주의를 한 때 또는 상당한 주의를 하여도 손해가 있을 경우에는 그러하지 아니하다. ② 사용자에 갈음하여 그 사무를 감독하는 자도 전항의 책임이 있다. ③ 전2항의 경우에 사용자 또는 감독자는 피용자에 대하여 구상권을 행사할 수 있다.
공작물 등의 점유자 및 소유자	제758조(공작물 등의 점유자, 소유자의 책임) ① 공작물의 설치 또는 보존의 하자로 인하여 타인에게 손해를 가한 때에는 공작물 점유자가 손해를 배상할 책임이 있다. 그러나 점유자가 손해의 방지에 필요한 주의를 해태하지 아니한 때에는 그 소유자가 손해를 배상할 책임이 있다. ② 전항의 규정은 수목의 재식 또는 보존에 하자 있는 경우에 준용한다. ③ 전2항의 경우에 점유자 또는 소유자는 그 손해의 원인에 대한 책임 있는 자에 대하여 구상권을 행사할 수 있다.
동물 점유자	제759조(동물의 점유자의 책임) ① 동물의 점유자는 그 동물이 타인에게 가한 손해를 배상할 책임이 있다. 그러나 동물의 종류와 성질에 따라 그 보관에 상당한 주의를 해태하지 아니한 때에는 그러하지 아니하다. ② 점유자에 갈음하여 동물을 보관한 자도 전항의 책임이 있다.
공동 불법 행위자	제760조(공동 불법 행위자의 책임) ① 수인이 공동의 불법 행위로 타인에게 손해를 가한 때에는 연대하여 그 손해를 배상할 책임이 있다. ② 공동 아닌 수인의 행위 중 어느 자의 행위가 그 손해를 가한 것인지를 알 수 없는 때에도 전항과 같다. ③ 교사자나 방조자는 공동 행위자로 본다.
기타	제조물 책임법, 자동차 손해 배상법 등 특별법에 규정되어 있는 경우

이제 자살한 친구의 부모님이 담임선생님을 상대로 손해 배상 소송을 청구하는 것이 가능한 이유를 알아볼까요? 담임선생님의 고의나 과실로 그 친구가 자살한 것은 아닙니다. 그러나 자기 반 학생에 대한 감독의 의무를 게을리했다는 잘못을 지적할 수는 있습니다. 이를 '책임무능력자의 감독자의 책임'이라고 하는데, 가해자의 책임 능력이 인정되지 않는 경우와 감독자에게 책임무능력자를 돌볼 의무를 위반한 과실이 있는 경우에 성립됩니다. 이 경우 직접 행위하지 않은 사람에게 배상 책임을 묻는다는 점에서는 무과실 책임처럼 보입니다. 그러나 감독을 똑바로 하지 않은 데에 과실이 있으므로 완전한 무과실 책임이라고 할 수도 없지요. 이런 책임을 '중간 책임'이라고 합니다. 실제로 다솜이 친구의 사례와 비슷한 사건에 대해 법원은 선생님이 따돌림에 대한 책임은 있지만 따돌림당한 학생의 자살까지는 예측할 수 없었으므로 과실이 없다고 판단해 책임을 묻지 않았습니다.

손해 배상은 금전 배상을 원칙으로 하지만 문제를 해결하기 위해 별도의 규정을 두는 경우도 있습니다. 특수 불법 행위 역시 피해자를 더 적극적으로 구제하려는 의도가 담겨 있지요. 민법의 이러한 특징을 미루어 볼 때 집단 따돌림으로 인한 손해 배상 문제가 발생한 경우 학교 법인, 즉 사용자의 책임을 묻고 담임선생님과 학교 측이 문제 해결을 위한 조치를 취하도록 만들 수도 있을 것입니다.

10대를 위한 깜찍한 민법

불법 행위와 범죄는 어떻게 다를까?

민법과 형법의 차이

다솜이 친구가 사망한 사건에 대해 책임을 묻는 방법은 민법에서 찾을 수도 있고 형법에서 찾을 수도 있습니다.

　고의나 과실로 다른 사람에게 손해를 발생시킨 경우를 민법은 불법 행위로 규정합니다. 불법 행위는 채권을 발생시키지요. 반면에 형법은 사회적으로 유해한 행위를 범죄로 규정하고 형벌권을 발동해 범죄자를 처벌합니다. 다솜이 친구의 사례처럼 민법상의 불법 행위가 발생한 경우 일반적으로 형법상의 범죄도 문제가 됩니다. 하지만 불법 행위와 범죄가 늘 같은 것만은 아닙니다.

　민호가 야구공을 잘못 쳐 윤식이네 창문을 깨뜨린 사건 기억하지요? 민법과 형법은 이 사건을 각각 다른 시각으로 해석합니다. 민법의 시각에서 이 사건은 민호의 불법 행위로 인해 다른 사람이 재산상의 손해를 입은 일입니다. 손해를 금전적으로 메워 주는 것, 즉 손해를 배상해 주는 문제에 관심을 두지요. 반면에 형법은 민호의 행동이 법률에 규정된 어떤 죄의 유형에 해당하는지, 그것을 민호의 탓으로 돌릴 수 있는지의 문제에 관심을 둡니다. 형법에 규정된 손괴죄에 해당하는지 따져 보는 것이지요. 손괴죄란 다른 사람의 재물이나 문서의 가치를 손상시킨 범죄를 말합니다.

　민호의 경우 손해 배상 책임만 인정될 뿐 손괴죄로 처벌되지는 않습니다. 불법 행위와 범죄는 관심사가 다른 만큼 성립되는 요건도 다르거든요. 가장 눈에 띄는 차이는 '과실'의 의미가 다르다는 것입니다. 앞의 사례에서 민호가 야구공을 방망이로 친 행위는 창문을 깨뜨리려는 게 아니라 순전히 운동 경기를 하기 위한 것이었으므로 불법 행위나 범죄의 요건이 되는 '고의'는 인정되지 않습니다. 그러나 부주의한 행동을 함으로써 예상되는 결과를 막아 내지 못한 '과실'은 인정됩니다. 발생한 손해를 메우는 것이 목적인 민법은 고의와 과실을 다르게 취급할 이유가 없다고 봅니다. 그래서 민호는 창문을 깬 것에 대해 손해를 배상해야 하지요. 하지만 그를 비난할 수 있는가 하는 문제에 관심을 두는 형법은 고의를 과실보다 엄격하게 받아들이며 과실범은 원칙적으로 처벌하지 않습니다. 그래서 민호는 처벌받지 않지요.

이처럼 사람의 사망이라는 하나의 사건을 두고도 민사 소송과 형사 소송이 둘 다 가능합니다. 하나는 승소하고 다른 하나는 패소할 수도 있지요.

10대를 위한 깜찍한 민법

어디까지 배상해야 할까?

손해의 정의와 범위

손해에 대한 배상은 금전으로 이행하는 것을 원칙으로 합니다. 그러나 예외도 있습니다. 예를 들어 타인의 명예를 훼손한 경우 법원은 손해 배상과 함께 명예 회복에 적당한 처분을 명할 수 있습니다.

손해를 배상하려면 구체적으로 어디까지가 손해이고 얼마만큼의 금액을 배상해야 하는지부터 정해야 합니다. 다시 말해 손해의 범위를 확정하는 것이지요. **손해**란 법이 보호하는 생활 이익인 '법익'에 대한 불이익을 말합니다. 앞에서 살펴본 집단 따돌림 사례처럼 사람의 생명이 침해당했거나, 친구가 실수로 떨어뜨린 물건에 발을 찧어 신체의 완전성을 침해당한 경우 등이 있습니다. 받기로 한 돈을 못 받아 재산상 불이익이 생긴 경우도 있지요.

생명, 신체, 자유, 명예 같은 법익이 문제되는 경우를 **비재산적 손해**라고 하고, 재산에 관해 발생한 손해를 **재산적 손해**라고 합니다. 비재산적 손해는 정신적 고통을 손해로 평가한다는 뜻에서 '정신적 손해'라고도 합니다. 그리고 그에 대한 배상을 **위자료**라고 합니다. 사람들에게 꽤나 익숙한 법률 용어인 위자료는 바로 이런 뜻입니다.

손해의 범위는 어느 정도 한계선을 그어 줄 필요가 있습니다. 하나의 행위만으로도 손해가 일파만파 퍼질 수 있기 때문이지요.

예를 들어 보겠습니다. 민호와 다솜이가 100일 기념으로 구입한 카메라를 다솜이 친구 동민이가 빌려 가서는 돌려주지 않는다고 가정하겠습니다. 민호와 다솜이가 카메라를 돌려받기 위해 동민이와 실랑이를 벌이다가 카메라가 바닥에 떨어져서 흠집이 생겼다면, 동민이는 흠집이라는 형태로 발생한 손해에 대한 배상을 하면 됩니다. 그러나 만일 카메라가 고장 나서 작동이 안 된다거나 하필 그일이 민호와 다솜이가 카메라를 꼭 써야만 하는 상황에서 벌어져 일회용 카메라를 별도로 구입했다면 사태가 커집니다. 카메라 수리 비용에 더해 임시로 구입한 일회용 카메라 비용까지 손해가 확대된 것이지요. 이럴 때는 통상 예견할 수 있는 범위의 손해인지가 기준이 됩니다. 어려운 말로 **상당 인과 관계**라고 하는데, 민호와 다솜이가 일회용 카메라를 구입한 것과 동민이의 행동 사이에 상당한 인과 관계가 성립되어야 손해를 인정해 준다는 뜻입니다. 동민이의 경우 민호와 다솜이가 구입한 일회용 카메라의 비용까지 배상해 줘야 할 가능성이 큽니다.

다솜이 친구의 사건에서 손해의 범위는 죽은 친구의 기대 여명(앞으로 얼마나 더 살 수 있을지 예측한 수치)을 기준으로 구합니다. 죽은 사람의 몸값을 매기는 것 같아서 불편한 마음이 들게 하는 작업입니다.

손해가 확정되면 배상의 문제가 남습니다. 배상을 한다는 것은 채권의 소멸 원인 중 하나인 변제에 해당하고, 공탁도 가능합니다. 다만 고의로 불법 행위를 한 경우 상계는 적용되지 않습니다. 상대방에게 받을 돈과 자신의 불법 행위로 발생한 손해의 배상금을 상

계하려는 못된 생각을 막기 위함이지요.

한바탕 배상의 문제가 휩쓸고 간 후 다솜이와 민호가 동네에서 산책을 합니다. 그런데 다솜이가 많이 어두워 보이네요.

다솜: 그때 일을 생각하면 마음이 아파.

민호: 무슨 소리야? 너도 왕따를 시켰던 거야?

다솜: 그러진 않았는데, 그렇게 한 것만 같은 느낌이 들어. 그 아이를 괴롭히지는 않았지만 도움을 주지도 않았거든. 그런 일이 벌어질 때까지 아무렇지 않게 방관한 거야.

민호: 이해해. 나도 그런 생각을 해 본 적이 있어. 이런 사건이 벌어지면 가해 학생에게만 엄청난 비난이 쏟아지곤 하는데, 나는 좀 못마땅해. 뭐라고 표현해야 할지 잘 모르겠지만, 모두에게 나름의 잘못이 있지 않나 싶어.

다솜: 그래. 바로 그거야.

다솜이는 예전에는 이해하지 못했던 삼촌의 말이 이제야 이해가 됩니다. 얼마 전 군대에서 한 병사가 동료들을 총으로 쏘아 죽인 사건이 벌어졌을 때 다솜이는 그 병사가 학교와 군대에서 따돌림을 당했던 건 면죄부가 안 된다며 사형을 시켜야 한다고 주장했습니다. 그때 삼촌이 다음과 같이 반론하더군요.

"너와 나는 이 사건에 아무런 잘못이 없을까?"

삼촌의 말은 다솜이 친구의 사건처럼 우리가 의식을 했든 안 했든, 직접적으로든 간접적으로든 불법 행위에 가담하게 마련이라는 뜻이었습니다. 그래서 형벌을 받고 민법에 따라 손해 배상을 하는 것이 '가해자의 몫'이라고 해도 그 몫은 '우리의 책임'까지 고려해서 정해야 한다는 것이지요. 다솜이는 이 사건들을 보며 피해자를 방관하는 태도를 바꿔 나가야겠다고 생각했습니다.

며칠 뒤 다솜이네 반에서 한 친구가 다른 친구에게 맞아 크게 다친 일이 일어났습니다. 맞은 친구의 부모님은 불법 행위에 대한 민사 소송을 준비 중이라고 했습니다. 선생님은 잔뜩 흥분해서는 때린 친구를 비난했습니다. 다솜이는 이후에 벌어질 부모님들의 싸움과 조용히 넘어가는 데에만 연연할 학교의 태도가 눈앞에 펼쳐져 마음이 무거워졌습니다.

다솜이는 두 친구가 때리고 맞기까지 자신이 어떤 역할을 했는지, 다른 친구들은 어떤 역할을 했는지 고민합니다. 선생님이 폭력 문제를 해결하겠다며 힘과 공포를 이용하는 것은 올바른지도 생각해 봅니다. 때린 친구도 맞은 친구도, 나름의 어려움이 있을 것 같습니다. 학교라는 공간 자체가 서로를 소외시키고 폭력을 양산하는 곳으로 기능한 것은 아닐까 하는 생각도 듭니다.

다솜이는 선생님께 이번 사건의 의미를 다 함께 생각해 보자고 했습니다. 법으로 정해진 책임을 따지는 데만 연연하지 말고, 앞으로 어떻게 해야 '우리 반'이라는 공동체가 서로 존중하는 분위기로 바뀔 수 있을지 이야기해 보자는 것이지요. 다솜이의 갑작스러운 행동에 모두 당황했지만, 다솜이의 이야기는 모두에게 미묘한 감정의 변화를 일으켰습니다.

다솜이의 쌍꺼풀 수술
변화하는 불법 행위법

민호는 요즘 고민이 많습니다. 얼마 전에 다솜이가 쌍꺼풀 수술을 하겠다고 선언했기 때문입니다. 쌍꺼풀 수술은 이제 성형이라고 하기 곤란할 정도로 많이 하고, 뼈를 깎는 양악 수술이나 지방 흡입술처럼 위험한 수술도 아니라는 것은 알고 있습니다. 싸게 수술해 준다는 말에 현혹되어 무자격 시술자를 찾아가지만 않는다면 부작용이 생길 일도 없겠지요.

그런데도 왜 이리 찜찜할까요? '성형 미인을 보는 것은 좋지만 내 여자는 안 된다'는 식의 이중 잣대를 들이민 것도 아닙니다. 요샌 민호도 팔자 주름 없애는 시술을 받아 볼까 생각했으니까요. 좋은 인상이 좋은 관계를 만든다고도 하고, 대학 면접이나 입사 면접을 볼 때도 중요한 영향을 미친다고 하니 신경이 쓰였습니다.

아! 이제 알겠네요. 찜찜한 이유는 강요받는 느낌 때문이었습니다. 획일적인 아름다움을 강요하는 사회가 사람들로 하여금 성형 수술을 하도록 만드는 것 같거든요('팔자 주름이 그렇게 문제면 부처님 얼굴은 어떻게 하나…'). 텔레비전을 보니 최근 프랑스에는 깡마른 여성을 모델로 쓰지 못하도록 하는 법률안이 나왔다고 합니다. 민호와 같은 문제의식이 낳은 법률안이지요. 민호는 우리가 진짜 걱정해야 할 문제는 성형 수술과 다이어트가 일으킬 부작용이 아니라, 획일적인 아름다움을 강요하며 성형 수술과 다이어트라는 부작용을 낳고 있는 우리 사회일지도 모른다고 생각합니다.

며칠 뒤 다솜이로부터 전화가 왔습니다. 다솜이는 수술 부작용이 생겨 한동안 못 볼 것 같다고 했습니다. 건강에 이상이 있는 건 아니지만 앞 라인이 풀려서 다시 수술을 해야 한다고 했지요. 다솜이가 속상해하는 것 같아 민호는 슬퍼졌습니다. 다행히 성형외과에서

바로 재수술을 해 준다고 합니다. 이런 상황에서 만일 병원이 책임을 회피하려 했다면 어땠을까요? 성형 수술이 손해 배상 소송으로 이어진 사례를 예로 들어 보겠습니다.

아무리 의사라고 해도 수술이나 치료는 환자의 동의를 얻어야 할 수 있습니다. 이것을 의사의 설명 의무라고 합니다. 의사는 환자에게 증상과 치료 방법을 충분히 설명해야 합니다. 법원은 미용 성형의 경우도 치료의 범주로 보아서 의사의 설명 의무를 요구합니다. 이런 설명을 통해 환자는 자신의 상태를 파악하고 치료 방법을 스스로 고민해 볼 수 있습니다. 치료의 위험성에 대해서도 어느 정도 대비하고 각오할 수 있지요. 의사는 가능성이 낮더라도 수술로 일어날 수 있는 부작용과 후유증을 분명히 설명해야 합니다. 물론 응급환자 같은 경우는 예외가 필요하겠지요.

어떤 사람이 이마와 턱에 보형물을 넣는 수술을 받았는데 보형물이 엉뚱한 자리로 이동하고 수술 부위에 머리털이 나지 않아 민사 소송을 제기한 일이 있었습니다. 법원은 성형 수술이 긴급하지 않고 수술 결과가 환자의 기대와 다를 수 있으므로 환자에게 치료 방법 및 필요성, 치료 결과 및 부작용을 구체적으로 설명할 의무가 있다는 점을 인정했습니다. 그리고 의사가 설명의 의무를 위반하여 환자의 권리를 침해하는 불법 행위를 저질렀으므로 정신적 손해를 배상하라고 판결했습니다.

이처럼 민법이 규정하는 불법 행위의 범위는 점차 넓어지고 있습니다. 성형 수술처럼 계약 내용이 전문성을 띠는 경우 당사자가 알아서 하도록 내버려 두면 문제가 발생해도 과실을 증명하기 어려워 손해를 입어도 배상받지 못하는 일이 벌어질 수 있습니다. 만일 앞의 사례에서 설명의 의무를 지키지 않은 의사의 행동을 불법 행위로 규정하지 않았다면 손해를 입은 환자는 자신이 직접 의사의 과실을 입증해야 했을 겁니다.

불법 행위의 범위가 넓어진다는 건 무과실 책임의 원칙이 확대되고 있다는 뜻이기도 합니다. 당사자 개인이 과실을 증명하기 어려운 문제들이 많아짐에 따라 국가가 개입해 힘의 균형을 맞춰야 할 필요성이 커지는 것이지요.

이와 반대로 다른 법 때문에 불법 행위의 적용 범위가 좁아지기도 합니다. 헌법과 '노동조합 및 노동관계 조정법'을 통해 합법으로 인정받은 쟁의 행위가 대표적이지요. 사용자의 의사를 압박하는 쟁의 행위는 자유로운 의사 결정을 강조한 근대 민법적 사고방식에서는 엄연히 불법 행위입니다. 하지만 사용자와 노동자 사이에 존재하는 힘의 불균형을 보완할 필요성이 커진 오늘날의 민법은 쟁의 행위를 불법 행위로 규정하지 않습니다.

그러나 안타깝게도, 현실에서는 쟁의 행위를 불법 행위로 취급하는 경우가 많습니다. 다솜이의 경우를 볼까요? 만약 다솜이가 같은 편의점에서 아르바이트를 하는 동료들과 노동조합을 만들거나 사업장 단위를 뛰어 넘는 노동조합을 만들어서 사장님에게 대항한다면 어떻게 될까요? 밥 먹을 시간을 달라며 노동을 거부하거나 매장 앞에서 팻말을 들고 구호를 외치는 것 같은 행동으로 말이지요. 민호와 다솜, 그리고 사장님은 어떻게 생각할까요?

다솜: 이건 말도 안 돼! 나는 밥도 못 먹고 쉬지도 못하는 게 당연하다고 생각하지 않아. 하지만 사장님은 매일 한 귀로 듣고 한 귀로 흘리니까 이런 식으로라도 실력 행사를 해야겠어!

사장님: 다솜아! 힘든 건 알겠는데, 너는 어떻게 네 생각만 하니? 지금은 사람을 더 쓸 수도 없는 상황이잖니. 우리 조금만 더 고생하자. 어서 가게로 들어오렴.

민호: 사장님, 무슨 말씀이세요? 전 다솜이 말이 맞다고 생각해요.

동민: 아, 뭐 좀 사러 나왔는데 불편하게 이게 뭐야? 영업은 안 하고 시끄럽게 소리나 질러 대고! 사람들 참 이기적이야. 민호 너는 왜 남의 일에 끼어드니?

쟁의 행위가 일어났을 때 많은 사람이 편의점 사장님이나 동민이처럼 이야기합니다. 열악한 노동 조건 탓에 일하다가 다치거나 죽는 사람이 생겨도 나라가 성장하려면 그 정도 희생은 감수해야 한다고 말하기도 하지요. 생산직 노동자가 된 사람들은 게으르고 공부도 못한 사람들이니까 고생해도 된다고 생각하는 사람들도 있습니다. 민법이 권리로 인정한 쟁의 행위조차 그들에게는 갈등만 조장하는 불법 행위로 여겨집니다.

하지만 더 나은 사회를 만들려면 갈등을 묵인하고 희생을 감수하는 것이 아니라 갈등을 인정하고 합리적으로 해결해 나가야 합니다. 갈등을 해결하는 과정에서 생기는 불편은 어느 정도 감수해야하지요. 다툼은 자신과 상대방의 입장을 다시 생각하게 만드는 계기가 됩니다. 동민이도 언젠간 편의점 앞의 시위를 떠올리며 이렇게 생각하게 될 것입니다. 다솜이가 편의점 문을 부수고 사장님을 때렸다면 손해를 배상해야 하지만 파업 자체는 불법 행위가 아니므

10대를 위한 깜찍한 민법

로 손해 배상할 문제는 아니라고요. 동민이는 다솜이와 연대한 민호에게 괜히 남의 일에 끼어든다며 비난한 것이 얼마나 잘못된 행동이었는지도 알게 될 것입니다.

빨간 딱지에 얽힌 슬픈 사연
민사 소송과 민사 집행

채권을 비롯한 모든 권리는 가지고 있는 것만으로는 아무 효과를 못 낸다는 결점이 있습니다. 게다가 권리의 내용을 실현시키려 해도 상대방이 응하지 않으면 소용이 없지요. 사람들은 이럴 때 법원의 도움을 받습니다. 법원이 이행 명령을 내리도록 하는 것이지요. 이 절차를 **민사 소송**이라고 합니다.

그러나 민사 소송도 한계가 있습니다. 채무를 변제하라고 판결해 봤자 채무자가 못 준다고 버텨 버리면 대책이 없습니다. 이럴 때 압류물 표목(일명 '빨간 딱지')을 붙이는 사람이 등장합니다. 집행관이 **민사 집행**을 하는 것이지요.

민사 소송은 공정을 기하면서도 신속하게 진행한다는 원칙을 추구합니다. 이것이 민사 소송법 제1조의 내용입니다. 또 민법적 권리 관계는 사적 영역이지만, 법원이 개입하기 시작하면 서서히 사적 영역을 벗어납니다. 국가가 강제력을 행사하는 문제로 변하는 것이지요. 그러나 여전히 사적 자치의 원칙이 반영됩니다. 예를 들어 소송을 제기한 원고와 반론을 펼치는 피고가 같은 주장을 하는 부분이 있으면 법원은 그것을 진실로 받아들입니다. 국가 형벌권의 개입 여부가 논쟁의 중심인 형사 소송과는 다르지요.

하지만 민사 집행 단계가 되면 사적 자치의 입지는 굉장히 좁아집니다. 집행관은 수사관처럼 자신의 신분을 증명하고 채무자의 의사와 상관없이 재산을 압류합니다. 채무자가 집행을 막아서면 공무 집행 방해죄로 처벌되고, 물건을 숨길 경우 강제 집행 면탈죄로 처벌됩니다. 압류물 표목이 붙은 물건은 경매에 붙여 채무 이행에 쓰입니다. 신문에 종종 실리는 경매 공고에는 채무를 이행하지 못해 압류된 물건들을 처분한다는 슬픈 사연이 담겨 있습니다.

민사 소송을 하려면 변호사 사무실을 찾아다니고 법원에 출석하고 여러 문서를 수시로 주고받아야 합니다. 비용도 많이 들고 오래 걸리지요. 그래서 등장한 제도가 조정과 중재입니다. 조정과 중재 모두 소송은 아닙니다. 법원처럼 중립적 제3자가 당사자의 이야기를 듣는다는 점에서 소송과 비슷하지만, **조정**은 당사자가 협상을 통해 합의하는 과정을 조정인이 도와주는 것이고, **중재**는 당사자가 판단을 아예 제3자에게 맡기는 것입니다. 조정과 중재 모두 소송이 추구하는 '진실'이나 '정의'보다는 당사자 간의 '화해'나 '합의'를 중시합니다.

이러한 방법이 있음에도 부득이하게 소송을 해야 하는 경우 소액 사건 심판법에 따라 신속하게 처리하도록 규정하고 있습니다. **소액**

사건 심판법이란 소송 목적이 2000만 원 미만인 소액 사건을 간소한 절차에 따라 손쉽게 처리하도록 만든 법입니다. 학생 입장에서는 2000만 원에 가까운 돈을 '소액'이라고 하는 게 와 닿지 않겠지만 전체 민사 소송을 놓고 봤을 때 이 정도의 돈은 소액에 속합니다.

너와 나의 민법
채권법의 미래

채권 관계는 상호 의존성을 띠지만 민호와 다솜이 같은 의존 관계는 아닙니다. 재산 관계는 연인 관계와 달리 합리성이 중심이 되니까요. 이익과 책임을 분배하는 모든 과정이 합리적으로 이루어집니다.

하지만 경제적 합리성이 좋은 삶을 보장하는 것은 아닙니다. 이윤을 남긴다는 것은 누군가 손해 본다는 것을 의미하기 때문입니다. 등가 교환이 이루어져서 100만 원의 가치를 가진 물건을 100만 원에 구입한다면 이윤은 존재하지 않겠지요.

오늘날의 경제는 경제적 합리성을 최우선으로 하는 기업을 중심으로 순환합니다. 그런데 '이윤 추구'라는 본연의 목적을 가진 기업은 비용을 줄이기 위해 안전 설비나 절차를 생략하기도 하고, 노동자에게 물가 상승률을 반영하지 않은 임금을 지급하기도 하고, 상품을 생산하는 과정에서 발생하는 각종 환경오염 문제를 무시하기도 합니다. 우리나라에서 매년 2000여 명의 노동자가 일하다가 사망하고(2015년 기준으로 OECD 국가 중 산재 사망률 1위), 세월호 같은 대형 참사가 계속 발생하는 원인도 여기에 있습니다. 이뿐만이 아닙니다. 수많은 기업이 육류 생산량을 늘리기 위해 동물을 비인도적으로 사육하여 도살하고 있으며, 토지 개발로 이윤을 남기기 위해 끊임없이 땅을 파고 산을 깎아 내며 아름다운 자연을 망가뜨리고 있습니다.

물건을 더 많이 팔려면 없는 수요도 만들어야 하므로 광고는 더욱 자극적으로 만들어집니다. 사람들은 어느 순간 여기에 물들어 '무언가를 하는 것'이 아니라 '무언가를 사서 갖추는 것'에서 만족감을 얻습니다. 자아실현의 기회였던 노동은 돈벌이 수단으로 전락했지요.

10대를 위한 깜찍한 민법

자본 축적이라는 목표를 앞세운 경제 질서 때문에 사회 곳곳이 곪아 가고 있습니다. 이제 민법에도 변화가 필요합니다. 경제적 합리성만 추구할 때 생기는 여러 가지 문제점을 보완하고 건강한 사회를 만드는 방향으로 민법이 바뀌어야 합니다. 물론 민법만 바꾼다고 해서 모든 문제가 해결되지는 않습니다. 노동법이 대응해야 하는 문제도 있고, 공정 거래법 같은 경쟁법이 해결해야 하는 영역도 있으니까요. 더 좋은 사회를 만들려면 어떻게 해야 할까요?

청소년을 위한
제3회 민법능력평가

과학 기술은 정말 놀라운 속도로 발전하고 있습니다. 이러한 과학 기술은 생활을 편리하게 해 주지만, 그와 동시에 새로운 위험 요소를 만들기도 합니다. 그에 따라 민법도 변화하지요.

스마트폰의 음성 인식 기능이 몇 년 사이에 엄청난 발전을 이룬 것처럼 인공 지능도 놀라운 속도로 발전하고 있습니다. 나라마다 인공 지능을 적용시킨 자동차를 개발 중이지요. 우리나라도 예외는 아닙니다. 인공 지능 자동차는 비디오카메라로 주변 상황을 식별하고, 전파 탐지기를 이용해 물체와의 거리를 계산합니다. 위치 확인 시스템(GPS)으로 위치를 파악하고, 바퀴에 단 감지기로 차량의 속도를 확인합니다. 각종 자료를 분석하고 계산하는 데 쓰는 뛰어난 성능을 가진 컴퓨터와, 차를 물리적으로 움직이는 데에 사용하는 컴퓨터를 장착하고 달리는 자동차, 바로 무인차입니다.

그런데 이런 무인차가 도로를 달리다가 사고를 내면 누가 책임을 져야 할까요?

무인차는 운전에 관한 의사 결정을 전적으로 자동차가 할 테니 교통사고 책임도 자동차가 져야 하지 않을까? 지금은 사람만 민법상의 권리를 가질 수 있지만 동물이나 인공 지능 로봇의 권리도 인정할 수 있다고 생각해.

아무리 뛰어난 인공 지능을 가지고 있다고 해도 과연 자동차가 배상까지 할 수 있을까? 결국 사람이 배상할 방법을 찾아야 해. 오늘날의 민법은 운전 미숙이 원인일 경우 운전자가 책임을 지고, 자동차 결함이 문제일 경우 사업주가 제조물 책임을 지도록 규정하고 있어. 인공 지능의 자율성을 고려하면서 기존의 책임 구조를 변형시켜야 하지 않을까?

4장

세상의 모든 물건에 깃든 권리

물권법

'물권'과 '물건'

물권의 종류와 물건의 정의

2~3장에서 살펴본 채권법은 채권자와 채무자 사이의 관계를 규정한 법률입니다. 채권의 목적은 채권자와 채무자가 약속을 하고 그 약속을 이행하는 것에 있습니다. 이에 반해 **물권법**은 각종 물건에 대한 사람의 지배 관계를 규율합니다. **물권**의 목적은 물건을 지배해서 얻는 이익에 있지요. 채권과 물권의 차이는 바로 여기에서 나타납니다.

채권은 채권자와 채무자 사이의 약속이기 때문에 원칙적으로 제 3자에게 영향을 미치지 않습니다. 그런데 물권은 그렇지 않습니다. 예를 들어 자신의 자전거에 대한 소유권은 부모님이나 친구들뿐만 아니라 누구에게나 주장할 수 있습니다. 이를 물권의 배타성 혹은 절대성이라고 합니다. 특별히 약속을 하지 않아도 자전거에 대한 소유권이 있기 때문에 다른 사람이 자전거를 고장 냈다면 수리를 요구할 수 있고, 다른 사람이 자전거를 가져갔을 때는 돌려 달라고 반환 청구를 할 수 있습니다. 따라서 사람들은 어떤 물건에 어떠한 권리가 있는지 명확히 알 필요가 있습니다. 민법은 이런 이유에서 제3자에게 영향을 미치는 물권의 내용과 종류를 정해 놓았습니다.

민법이 정한 물권은 8가지로, 점유권, 소유권, 지상권, 지역권, 전세권, 유치권, 질권, 저당권입니다. 우리가 가장 쉽게 떠올릴 수 있는 물권인 **소유권**은 물권 중의 왕으로, 그 물건을 사용, 수익, 처분하는 것에 대한 내용으로 이루어져 있습니다. **점유권**은 물건을 사실상 지배하고 있는 사람에게 주어지는 물권입니다.

점유권, 소유권과 달리 일정한 제한을 두는 물권도 있는데, 이를 **제한 물권**이라고 합니다. 제한 물권에는 사용과 수익이 제한된 **용익 물권**과 처분이 제한된 **담보 물권**이 있습니다. 용익 물권은 지상권, 지역권, 전세권으로 나뉘고, 담보 물권은 유치권, 질권, 저당권으로 나뉩니다. 자세한 내용은 뒤에서 살펴보겠습니다.

물권의 종류							
점유권	소유권	제한 물권					
		용익 물권			담보 물권		
		지상권	지역권	전세권	유치권	질권	저당권

다솜이네 가족이 거실에 둘러앉아 과일을 먹으며 뉴스를 보고 있습니다. 서울의 부동산 가격이 너무 올라서 10년 동안 월급을 꼬박 모아야 간신히 집 한 채를 살 수 있다는 내용입니다. 다솜이는 '부동산'이라는 말을 뉴스나 신문에서 자주 들어 봤고 아파트 단지 상가에서도 부동산이라고 쓰인 간판을 본 적이 있지만 사실 그게 무엇인지 잘 모릅니다.

"엄마, 부동산이 정확히 뭐예요?"

"부동산은 움직이지 않는 물건을 말해. 땅이나 집 같은 것이지."

"그럼 동산은 움직이는 물건을 말하나요?"

"글쎄, 반은 맞고 반은 아니라고 볼 수 있어. 민법은 부동산 이외의 모든 물건을 동산으로 규정하는데, 부동산으로 토지와 토지의 정착물만을 인정하고 있거든. 부동산 외의 나머지 물건은 모두 동산이라고 할 수 있지."

"그럼 우리 흰둥이는요? 흰둥이는 동산도 아니고 부동산도 아닌 것 같은데요?"

흰둥이는 다솜이 가족과 함께 사는 반려견입니다.

"흰둥이는 우리 가족이자 다솜이의 동생이지만, 민법에서는 물건으로 규정된단다. 흰둥이는 부동산이 아니니까 동산인 물건이라고 할 수 있지."

"흰둥이가 물건이라니!"

다솜이가 조금 충격을 받은 것 같네요. 개나 고양이 같은 동물들을 정말 물건이라고 할 수 있을까요? 빛이나 열, 전기는 어떨까요?

평소 우리는 동물이나 에너지를 물건이라고 생각하지 않습니다. 그러나 민법상의 물건은 우리가 생각하는 물건의 개념과 다릅니다. 민법에서 물건은 "유체물 및 전기·기타 관리할 수 있는 자연력을 말한다."라고 규정하고 있습니다. 이러한 정의에 따르면 동물도 물건에 해당하지요. 그러나 생명을 가진 존재인 동물은 특별히 동물 보호법에 의해 보호되고 관리를 받고 있습니다. 동물의 생명을 존중하고 학대를 방지하려는 목적으로 만들어진 동물 보호법은 동물을 사육할 때 지켜야 할 기준을 규정하고 있습니다. 동물 보호법의 취지를 이해하고 나니 다솜이는 이제야 안심이 됩니다.

흰둥이를 돌려주세요!

물권 변동

하얀 털에 엉덩이에만 검은 점이 있는 흰둥이는 사람 말을 잘 알아듣는 영리한 개입니다. 다솜이는 애교도 많고 자기의 기분도 잘 알아주는 흰둥이를 어려서부터 친동생처럼 여겼지요. 한 번 잃어버렸다가 다시 찾은 뒤로는 더욱 각별한 사이가 되었답니다. 다솜이와 흰둥이에게 어떤 일이 벌어졌는지 함께 볼까요?

다솜이는 몇 년 전 흰둥이를 잃어버렸습니다. 온 동네를 돌아다니며 흰둥이의 행방을 수소문했지만 끝내 찾지 못했고, 다솜이는 크게 상심했습니다. 그런데 얼마 전 공원을 산책하다가 우연히 흰둥이를 만났습니다. 어떤 아주머니와 함께 산책을 나온 흰 강아지가 귀여워서 가만 살펴보니 놀랍게도 귀에 있는 수술 자국도, 엉덩이에 있는 검은 점도 흰둥이와 똑같아서 바로 알아보았지요. 다솜이는 아주머니에게 자초지종을 설명했습니다.

"아주머니, 이 강아지는 제가 잃어버린 흰둥이예요. 흰둥이는 제 친동생이나 다름없어요. 제발 돌려주세요!"

"학생, 이 강아지는 내가 웹사이트에서 어떤 아저씨한테 정당하게 값을 치르고 분양받은 내 강아지예요."

"흰둥이는 태어났을 때부터 제 가족이었고 누구에게도 판 적이 없어요! 잠깐 잃어버렸을 뿐인데, 어째서 돌려주지 않겠다는 거예요? 제발 돌려주세요!"

다솜이는 흰둥이를 판 적도 없고 넘겨준 적 없기 때문에 여전히 자신의 개라고 생각합니다. '법과 정치' 시간에 소유권은 물권 중의 왕이고, 다른 사람이 정당한 이유 없이 소유물을 가지고 있을 경우 반환을 청구할 권리도 갖는다고 배웠거든요. 소유권자인 다솜이는 법률의 범위 안에서 소유물인 흰둥이를 사용, 수익, 처분할 권리가 있습니다. 게다가 소유권자인 다솜이는 소유권을 행사하는 데

10대를 위한 깜찍한 민법

방해가 되는 것들을 배제할 권리도 있습니다.

인상 좋아 보이는 아저씨에게서 제값을 치르고 분양받은 흰둥인데, 이제 와서 자기가 주인이라며 돌려 달라니, 아주머니도 당황스럽기는 마찬가지입니다. 다솜이에게는 안타까운 일이지만 흰둥이 소유권은 아주머니에게 있습니다. 어떻게 진정한 주인인 다솜이의 의사도 묻지 않고 아주머니가 흰둥이의 소유권자가 된 걸까요?

민법은 아주머니처럼 동산의 점유자를 권리자로 믿고 그 동산을 취득한 경우 비록 양도인이 정당한 권리자가 아니라고 해도 그 동산에 대한 소유권을 인정합니다. 이를 **선의 취득**이라고 하지요. 물론 모든 거래에서 선의 취득이 가능한 것은 아닙니다. 금전은 원칙적으로 선의 취득의 대상이 되지 않고, 자동차나 선박과 같이 등기나 등록을 할 수 있는 물건도 인정되지 않습니다. 선의 취득자는 점유자를 권리자로 믿고 거래한 것이어야 하고, 그 믿음에 과실이 없어야 하지요. 또한 선의 취득자와 점유자 사이의 매매나 증여와 같은 거래는 유효한 것이어야 합니다.

물권도 권리이므로 발생하고 변경되고 소멸하는 과정을 거칩니다. 이러한 물권의 변화 과정을 물권 변동이라고 합니다. 보통 이런 과정은 당사자들 사이의 의사 표시를 통해 이루어지지만 권리자의 의사와 상관없이 법률에 의해 발생하기도 합니다. 다솜이의 의사와 상관없이 아주머니가 흰둥이를 선의 취득한 것처럼 말이지요. 다솜이와 흰둥이는 이제 어떻게 되는 걸까요? 흰둥이는 다솜이의 곁으로 돌아올 수 없는 걸까요?

뭘 믿고 거래를 하지?

공시의 원칙과 공신의 원칙

"내가 아파트로 이사를 가게 되었어. 학생이 흰둥이를 정말 아끼는 것 같으니 앞으로 흰둥이를 부탁할게."

아슬아슬한 위기의 순간이 있었지만 다행히도 흰둥이와 다솜이는 다시 함께 살게 되었습니다. 하지만 다솜이는 여전히 걱정이 많습니다.

'흰둥이를 또 잃어버리면 어떡하지? 흰둥이 주인은 나라고 광고라도 해야 하나?'

다솜이는 정말 흰둥이 주인이라고 광고라도 해야 하는 걸까요? 다행히 그럴 필요는 없습니다. 민법은 아니지만 동물 보호법에 동

10대를 위한 깜찍한 민법

물 등록제를 마련하여 3개월령 이상의 개를 소유한 사람은 반드시 등록하도록 규정하고 있기 때문입니다. 다솜이는 또 흰둥이를 잃어 버릴 경우에 대비해서 서둘러 흰둥이를 구청에 등록했습니다.

물건은 평생 한 사람이 소유할 수도 있지만 대부분의 경우 소유 권자가 끊임없이 바뀝니다. 소유권자를 모르면 물건을 안심하고 거 래할 수도 없겠지요. 그래서 민법은 물건의 거래 내용을 명확하게 알리도록 규정하고 있습니다. 이처럼 물권의 변동 내용을 외부에 알리는 것을 **공시**라고 합니다. 일정한 방법을 통해 공시된 물권에 대해서만 변동 내용을 인정하며, 이를 **공시의 원칙**이라고 합니다.

각각의 부동산은 탄생하면서 등기부 등본이라는 장부를 갖는데, 여기에는 이 부동산이 언제 탄생했으며 어떻게 생겼는지, 어디에 있는지, 누가 최초의 소유권자였는지, 누구에게 팔았는지 등이 적혀 있습니다. 토지나 건물 같은 부동산은 등기부 등본에 등기하여 공 시하도록 하고 있습니다.

그런데 흰둥이 같은 동산은 어떨까요? 세상의 모든 동산을 부동 산처럼 등기해야 한다면 우리의 생활은 마비될지도 모릅니다. 그래 서 민법은 동산 물권의 경우 부동산처럼 등기할 것을 요구하지는 않습니다. 흰둥이와 같은 동산 물권은 아주머니에게 흰둥이를 양도 했다는 어느 아저씨처럼 밥도 주고 목욕도 시켜 주며 점유하는 것 만으로도 공시로 인정합니다. 흰둥이를 아주머니에게 인도할 때도 아주머니에게 흰둥이에 대한 권리를 넘겨준다는 의사 표시만 하면 됩니다.

그런데 공시된 권리 관계가 실제 권리 관계와 다르면 어떻게 될까요? 특히 동산 물권의 경우 점유와 인도를 공시 방법으로 취하고 있고, 부동산과는 달리 등기와 같은 강력한 공시 제도를 마련할 수 없기 때문에 흰둥이를 넘겨받은 아주머니의 경우처럼 아저씨를 흰둥이 주인으로 알고 거래를 하는 일이 발생합니다. 해당 물건에 대한 물권이 없는 사람과 거래를 함으로써 권리를 가지지 못하게 되는 것이지요. 하지만 세상에는 셀 수 없을 만큼 많은 동산 물건이 존재하고 끊임없이 거래가 이루어지기에 동산 물건의 물권을 일일이 확인한다는 건 사실상 불가능합니다. 따라서 점유자를 믿고 거래한 사람의 권리도 보호해야 하지요. 이렇게 공시된 권리 관계와 실제 권리 관계가 일치하지 않을 때 공시된 권리 관계를 믿고 거래한 사람의 권리를 보호하는 것을 **공신의 원칙**이라고 합니다. 그래서 다솜이는 아저씨에게 소유권을 넘겨준 적이 없지만 아저씨를 정당한 권리자로 믿고 거래한 아주머니는 흰둥이의 소유권자로 인정받습니다. 우리나라 민법은 동산 물권에 대해서만 공신력을 인정하고 부동산 물권에 대해서는 인정하지 않습니다.

공신의 원칙은 진정한 권리자를 희생시키지만 거래를 보호합니다. 물론 진정한 권리자를 보호하는 제도도 있습니다. 물건을 도난당했거나 잃어버린 사람은 그 물건을 선의 취득한 사람에게 2년 안에 반환을 청구할 수 있습니다.

흰둥이를 훔친 도둑의 권리
소유권과 점유권

아주머니는 흰둥이를 웹사이트를 통해 분양받았습니다. 흰둥이를 분양한 아저씨는 웹사이트에 흰둥이에게 밥 주는 사진과 흰둥이와 산책하는 사진들을 올렸고, 아주머니는 당연히 아저씨가 흰둥이의 소유권자라고 생각했습니다.

그런데 흰둥이를 훔쳐간 그 아저씨는 소유권자는 아니지만 점유권자는 맞습니다. 도둑이 점유권자라니, 이상하지요? **점유**란 소유와 구별되는 개념으로, 어떤 물건을 사실상 지배하고 있는 상태를 말합니다. 객관적으로 보기에 그 물건이 어떤 사람의 지배하에 있다고 인정되면 점유권이 발생합니다. 흰둥이를 훔친 도둑 아저씨처

럼 말이지요. 소유권은 점유할 수 있는 권리를 포함하지만, 흰둥이 도둑처럼 점유권자는 소유권자가 아닐 수 있습니다.

그렇다면 도둑은 점유권을 행사하면서 정당한 물권을 누릴 수 있을까요? 그럴 수는 없습니다. 정당한 소유권자의 소유물 반환 청구를 받아들일 수밖에 없기 때문입니다. 또한 점유권자는 지배하고 있는 상태를 벗어나면 점유권을 상실합니다. 점유권은 점유라는 상태를 보호하기 위한 권리이기 때문입니다.

민법은 왜 이렇게나 불완전한 점유를 물권으로 인정하는 걸까요? 앞서 민법이 선의 취득을 허용하는 것과 같은 이유입니다. 세상에는 수많은 물권 거래가 연속적으로 일어나고 있고 대개의 경우 소유와 점유가 일치하므로 이 거래들을 안정시킬 필요가 있습니다. 동산처럼 공시 방법이 불완전한 경우에는 더더욱 그렇지요.

남의 것을 내 것처럼
용익 물권

"아빠, 우리 이사 가요."

골목 가장 안쪽에 있는 다솜이네 집은, 집을 지을 당시에 있던 통행로가 막혀 버려서 동민이네 집 마당을 거쳐야만 집을 오갈 수 있습니다. 그런데 동민이 녀석이 무엇이 마음에 안 들었는지 요 며칠 계속 다솜이에게 훼방을 놓으며 자기 집 마당을 지나가지 못하게 합니다.

"다솜아, 그런 문제라면 걱정할 것 없단다. 우리 집 통행로가 막혔을 때 내가 동민이 아버지랑 지역권 설정 계약을 했거든."

"지역권이요?"

"응. **지역권**이란 일정한 목적을 위해 다른 사람의 토지를 자기 토지의 편익에 이용할 권리야. 동민이네 앞마당을 우리 가족의 통행에 이용하겠다는 계약을 했으니 걱정하지 않아도 돼. 아빠가 누구니! 등기도 마쳤단다."

아빠는 이런 일을 미리 예상하셨나 봅니다.

"지역권은 법률의 규정에 의해 설정되기도 하는데, 법률 규정이 아닌 계약으로 지역권 설정을 한 경우에는 등기를 해야 한단다. 부동산 물권의 변동은 반드시 등기해야 한다는 것은 배웠지?"

"그럼요. 다음번에 동민이한테 이 이야기를 꼭 해 줄래요."

이처럼 타인이 가진 소유권의 사용과 수익을 제한하는 권리를 용익 물권이라고 합니다. 그리고 여기에는 지역권 외에도 지상권과 전세권이 있습니다. **지상권**이란 건물, 공작물, 수목 등을 소유하기 위해 타인의 토지를 사용할 권리를 말합니다. 우리 민법은 토지와 건물을 별개의 부동산으로 보기 때문에 토지와 건물의 소유권자가 다를 수 있습니다. 따라서 건물을 짓기 위해서는 토지 이용권을 확보할 필요가 있는데, 이때 토지에 대해 갖는 권리를 지상권이라고 합니다.

전세권이란 전세금을 지급하고 타인의 부동산을 점유하여 그 부동산을 사용할 권리입니다. 전세권은 다른 물권과 마찬가지로 등기해야 합니다. 이렇게 등기된 전세권은 담보의 역할을 하기도 합니다. 전세권 설정자가 전세금을 돌려주지 않을 때는 법원에 경매를 청구할 수 있고 후순위 권리자 또는 기타 채권자보다 우선하여 전세금을 변제 받을 수 있습니다.

내 것인 듯 내 것 아닌 담보
담보 물권

"너 빨리 내 돈 갚아. 안 그러면 네 카메라 팔아 버릴 거야."

한동안 잠잠하던 동민이 녀석이 오늘은 카메라를 볼모 삼아 다솜이를 괴롭힙니다. 몇 달 전 수학여행 때 용돈이 부족했던 다솜이가 동민이에게 돈을 빌렸거든요. 수학여행을 다녀온 다솜이는 동민이에게 카메라를 담보로 넘겼습니다. 동민이는 돈을 갚지 않으면 카메라를 팔겠다며 계속 으름장을 놓습니다.

채무자가 채무를 이행할 때까지 채무자의 재산을 담보로 가지고 있을 권리를 담보 물권이라고 합니다. 담보 물권에는 질권, 저당권, 유치권이 있지요. 다솜이가 기한 안에 돈을 갚지 않을 경우 카메라를 처분해 빌려준 돈을 우선 변제받을 권리는 **질권**이라고 합니다. 질권에는 카메라와 같은 동산을 대상으로 하는 동산 질권뿐만 아니라 채권 증서나 주식을 담보로 은행에서 대출을 받을 권리인 질권도 있습니다. 동민이의 채권에 담보가 된 카메라는 질물이라고 합니다.

다솜이는 동민이에게 카메라를 질물로 준 것을 후회합니다.

'질권이 아니라 저당권을 설정했으면 동민이에게 카메라를 이전

하지 않고 계속 사용할 수 있었을 텐데….'

저당권은 담보물을 점유하지 않고 있다가 채무자가 채무를 변제하지 않을 때 담보물을 처분해 변제받을 권리입니다. 정말 다솜이의 말처럼 질권이 아닌 저당권을 설정했더라면 동민이가 약 올리는 꼴을 보지 않을 수 있었을까요? 안타깝게도 저당권은 동산에는 적용되지 않고 부동산에만 적용됩니다. 채무자인 다솜이가 계속 카메라를 가지고 있으면 카메라를 담보로 여기저기에서 돈을 빌릴 수 있습니다. 그렇게 되면 돈을 빌려주는 채권자들은 나중에 다솜이가 돈을 갚지 못해 카메라를 처분해도 처분한 금액이 다솜이의 전체 채무액을 넘어서 자신이 빌려준 돈을 돌려받지 못할 수도 있지요. 카메라를 다솜이가 가지고 있으면 채권자들이 카메라를 처분하기도 쉽지 않을 것입니다. 그래서 저당권은 동산이 아닌 부동산에만 설정할 수 있습니다.

'아, 이럴 때 흰둥이라도 옆에 있으면 위안이 될 텐데….'

다솜이는 동물 병원에 입원한 흰둥이도 병원비가 없어서 데려오지 못하고 있습니다. 흰둥이를 분양받을 때 흰둥이에게 들어가는 비용은 다솜이가 맡기로 아빠와 약속했거든요. 다솜이는 병원에서 흰둥이를 다른 사람에게 팔아 버릴까 봐 걱정입니다. 병원은 다솜이가 병원비를 낼 때까지 흰둥이의 인도를 거절할 수 있고, 법원에 경매를 신청해 경매 대금으로 병원비를 충당할 수도 있습니다. 이러한 권리를 **유치권**이라고 합니다. 유치권은 앞서 설명한 지상권, 지역권, 전세권, 질권, 저당권과는 다르게 등기를 할 수 없습니다.

그래서 계속 점유하고 있어야 합니다.

　다솜이는 흰둥이를 데려오기 위해 열심히 아르바이트를 해서 병원비를 마련했습니다. 그런데 병원에서는 그동안 흰둥이가 먹은 사료 값이랑 흰둥이를 보호하는 데 들어간 비용도 내야 한다고 합니다. 유치권자인 병원은 유치물에 지출한 비용을 청구할 수 있거든요. 다솜이는 어쩔 수 없이 발걸음을 돌립니다. 아르바이트를 조금 더 할 수밖에 없겠네요.

부동산 사고팔 때
등기부 등본

다솜이네 집은 몇 달 뒤면 이사를 합니다. 아빠가 회사를 지방으로 옮기기도 했고 언니가 결혼을 해서 분가를 하기 때문입니다. 다솜이는 자신을 괴롭히는 동민이와 헤어진다고 생각하니 후련합니다.

　아빠와 같이 이사할 집들을 보러 다니던 다솜이는 마당도 있고 학교도 가까운 집을 발견합니다.

"아빠, 우리 이 집으로 해요. 집도 크고 학교도 가깝고, 무엇보다 가격도 싸잖아요!"

"이 집이 마음에 들었나 보구나. 아빠도 마음에 들긴 하지만 집을 살 때는 등기부 등본에 적힌 것들을 꼼꼼히 살펴봐야 한단다."

부동산을 사고파는 것을 부동산 매매 계약이라고 합니다. 부동산 매매 계약은 부동산에 대한 소유권을 이전하고 이전받는다는 약속이 따릅니다. 소유권 이전은 등기를 통해 물권적 효력을 갖게 된다는 것을 앞서 살펴보았지요. 따라서 부동산 매매 계약을 할 때는 대상 부동산의 등기부 등본에 기재되어 있는 물권적 사항들을 잘 숙지해야 합니다. 다솜이와 아빠는 과연 마음에 드는 집을 찾을 수 있을까요?

부동산 계약은 거래 금액이 상당히 크기 때문에 특히 주의해야 합니다. 다솜이처럼 부동산을 직접 확인하고 상태는 어떤지, 교통은 편리한지, 가격은 합당한지 등을 따져 보아야 합니다. 그리고 집주인과 계약을 하기 전에 등기부 등본(등기사항 전부 증명서)을 자세히 확인해야 합니다. 부동산 등기부 등본은 대한민국 법원 인터넷등기소(www.iros.go.kr)를 통해 열람, 발급할 수 있습니다.

등기 용지는 등기 번호란, 표제부, 갑구, 을구 이렇게 4개로 구성되어 있습니다. **등기 번호란**에는 토지 혹은 건물의 지번이 기재되어 있습니다. **표제부**에는 토지 혹은 건물의 내용, 즉 소재지(대전광역시 서구 둔산동 123-4), 구조(벽돌조슬라브 천연슬레이트 1층), 용도(주택), 면

등기사항 전부 증명서(현재 유효사항) - 건물				
[건물] 대전광역시 서구 둔산동 123-4			고유번호 1111-2004-111111	
표제부 (건물의 표시)				
표시 번호	접수	소재지번 및 건물 번호	건물 내역	등기 원인 및 기타 사항
1	2004년 5월 20일	대전광역시 서구 둔산동 123-4	벽돌조슬라브 천연슬레이트 1층 주택 200㎡	
갑구 (소유권에 관한 사항)				
순위 번호	등기 목적	접수	등기 원인	권리자 및 기타 사항
1	소유권 보존 제12345호	2004년 5월 20일		소유자 홍길동 560815-1234567 서울 서초구 서초동 123-4
을구 (소유권 이외의 권리에 관한 사항)				
순위 번호	등기 목적	접수	등기 원인	권리자 및 기타 사항
1	근저당 설정	2009년 11월 11일 제13579호	2009년 11월 11일 설정 계약	채권 최고액 1,234,000,000원 채권자 햇살은행
2	1번 근저당권 등기 말소	2011년 5월 31일		
3	전세권 설정	2012년 7월 18일 제31245호	2012년 7월 18일 설정 계약	전세금 1,000,000,000원 전세권자 오혜진
4	3번 전세권 등기 말소	2015년 8월 27일 제456789호		

적(200㎡) 등이 순서대로 적혀 있습니다.

갑구에는 소유권에 관한 사항이 접수된 일자 순서로 적혀 있습니다. 갑구에는 순위 번호, 등기 목적, 접수 일자, 등기 원인, 권리자 및 기타 사항이 나옵니다. 맨 처음 기재된 것은 최초의 소유권자가 한 소유권 보존 등기이고, 그다음에는 소유권이 이전될 때마다 등기가 됩니다. 마지막에 현재 소유권자가 나오므로 부동산 거래의 계약 당사자가 등기부의 소유권자인지 꼭 확인해야 합니다.

을구는 소유권 이외의 권리, 즉 지상권, 지역권, 전세권, 질권, 저당권 같은 제한 물권에 관한 사항을 기재합니다. 을구에도 갑구처럼 순위 번호, 등기 목적, 접수 일자, 등기 원인, 권리자 및 기타 사항을 기재하게 되어 있습니다.

일반적으로 은행에서 집주인에게 돈을 빌려줄 때는 채권을 담보하기 위해 집에 저당권을 설정합니다. 집주인이 돈을 갚지 못하면 은행은 집을 경매에 넘기고 경매에서 낙찰받은 돈으로 채권을 변제하지요. 만약 이 집에 전세권을 설정한 사람이 있다면 선순위 저당권자의 채권을 변제하고 남은 돈으로 전세금을 돌려받습니다. 그렇기 때문에 저당권이 설정된 이후에 이 집에 다른 권리를 설정할 때는 경락 대금, 즉 경매에서 낙찰받은 돈으로 자신의 채권을 변제받을 수 있는지 확인해야 합니다. 전세권뿐만 아니라 다른 권리들도 마찬가지입니다. 먼저 등기된 선순위 권리자들의 채권을 변제하고 남는 경락 대금이 없다면 자신의 권리를 지키기 어렵습니다.

다솜이와 아빠는 마침내 마음에 드는 집을 발견합니다. 인터넷으로 등기부 등본을 열람한 뒤 앞선 채권자가 없는 것을 확인하고 집을 사기로 결정합니다.

"아빠! 이 집은 소유권 보존 등기 이후로 한 번도 소유권이 이전된 적이 없어요. 그리고 집주인이 은행에서 빌린 돈을 갚으면서 저당권 등기는 말소되었고요. 그다음 연도에 전세권 등기가 되어 있는데 이것도 역시 말소되었어요."

"대단한걸! 가르친 보람이 있구나. 나중에 성인이 되어서 부동산 거래를 할 때도 꼭 등기부 등본을 꼼꼼히 확인하렴."

등기부 등본을 볼 때는 갑구와 을구에 기재된 등기의 선후와 접수 일자도 잘 살펴야 합니다. 갑구든 을구든 같은 구 안에 기재된 사항들 간의 우선순위는 등기의 선후에 의해 결정되지만, 갑구와 을구 간의 우선순위는 접수 일자에 의해 결정되기 때문입니다.

예를 들어 보겠습니다. 갑구에는 소유권에 관한 사항이 기재되는데, 어떤 부동산에 대해 A가 7월 1일 소유권 이전 등기를 하고 7월 15일 B가 다시 소유권 이전 등기를 했다면 마지막으로 등기된 B가 소유권자입니다. 을구에는 지상권, 지역권, 전세권, 질권, 저당권과

갑구	을구
1. 7월 1일 소유권 이전 등기 A	
	1. 7월 2일 저당권 등기 1번 저당권자 X
2. 7월 15일 소유권 이전 등기 B	
	2. 7월 16일 저당권 등기 2번 저당권자 Y
3. 7월 30일 소유권 이전 등기 C	

같은 제한 물권이 기재되는데 X은행이 7월 2일에 등기하고 Y은행이 7월 16일에 등기하면 X은행이 선순위 권리자가 됩니다. 그러나 C가 7월 30일 소유권 이전 등기를 한다면, 소유권자는 마지막 등기자인 C가 되지만 1번 저당권자 X와 2번 저당권자 Y가 C보다 선순위 권리자가 됩니다.

오늘은 다솜이 아빠가 집주인과 계약서를 작성하는 날입니다. 계약금은 계약 당시 지불하며, 통상 매매가의 10% 정도입니다. 그리고 계약일과 잔금일의 중간쯤에 중도금을 지급합니다. 중도금은 계약금을 포함한 매매가의 50% 이상이며, 나머지 금액은 집을 인도받는 날 잔금으로 지급합니다. 그리고 가장 중요한 등기 서류 및 부동산을 인수합니다.

다솜이 아빠는 계약하는 날에도, 중도금을 치르는 날에도, 잔금을 치르는 날에도 등기부 등본을 확인합니다. 집을 인도받고 등기하기 전까지 완전한 소유권이 생기는 것이 아니므로 그 사이에 혹시 권리 변동이 생기진 않았는지 확인하는 것이지요. 부동산 거래를 할 때는 다솜이 아빠처럼 신중할 필요가 있습니다.

이제 다솜이 아빠는 등기를 하러 법원에 갑니다. 등기를 신청하려면 신청서, 등기 원인을 증명하는 서면인 매매 계약서와 인감 증명서 등을 제출해야 합니다. 이렇게 등기를 마치면 법원에서 서류를 주는데, 이게 바로 우리가 흔히 '집문서', '땅문서'라고 부르는 등기필증입니다. 요즘은 법원에 가지 않고 인터넷으로도 등기를 할 수 있습니다.

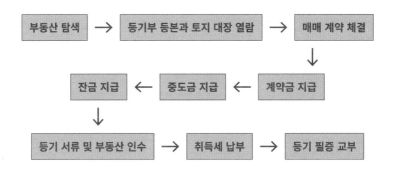

좌충우돌 신혼집 구하기

주택 임대차 보호법

다솜이의 언니는 입사와 동시에 직장 동료와 사랑에 빠졌습니다. 사람들 눈을 피해야 하는 사내 연애가 쉽지는 않았지만, 둘은 서로가 서로의 반쪽이라고 여기며 만남을 이어 갔습니다. 계절이 바뀌고 사랑이 깊어지자 두 사람은 자연스럽게 결혼을 약속합니다. 다솜이에게 멋진 형부가 생겼네요!

　다솜이의 언니와 형부는 한 집에서 알콩달콩 살아갈 생각에 설렙니다. 그런데 이제 막 직장 생활을 시작한 두 사람은 저축해 둔 돈이 많지 않아 집을 살 형편이 안 됩니다. 평소 검소하고 생활력이 강한 언니는 이런 제안을 합니다.

"우리가 가진 돈은 집을 사기에는 턱없이 부족해. 집은 나중에 마련하기로 하고, 일단 집을 빌리는 게 어떨까?"

"그래. 우리 형편으로 구할 수 있는 전셋집을 찾아보자."

언니의 의견을 존중하고 믿어 주는 형부는 부모님의 도움 없이 전셋집을 구하기로 합니다.

모두가 집을 하나씩 소유할 수 있으면 좋겠지만 안타깝게도 현실은 그렇지 못합니다. 인구는 계속 증가하는 데다 핵가족 형태가 보편화되고 있고, 홀로 사는 1인 가구의 수도 급증하고 있어 집을 소유하기가 더욱 어려워지고 있지요. 주택을 소유하지 못한 사람은 다른 사람의 주택을 빌려야 합니다. 이들을 위한 제도가 바로 전세, 월세와 같은 주택 임대차입니다.

주택을 빌리는 사람을 임차인이라고 하고, 빌려주는 사람을 임대인이라고 합니다. 주택 임대차 계약은 임차인이 임대인에게 일정 금액의 보증금을 지불한 뒤 주택에 거주하고, 정해진 기한이 되면 보증금을 돌려받고 주택에서 나가는 계약입니다. 전세 계약은 보증금을 지불하면 계약이 만료될 때까지 더 이상 집세를 낼 필요가 없다는 장점이 있지만 보증금의 액수가 커서 부담될 수 있습니다. 반면에 월세 계약은 전세 계약에 비해 보증금의 액수가 적지만 매월 약속한 월세를 지불해야 한다는 부담이 있습니다.

부지런히 발품을 팔아 언니와 형부는 꽤 괜찮은 조건으로 작은 아파트 전세를 구했습니다. 빨리 등기를 해야 안심이 될 것 같아서 언니는 계약을 마치자마자 법원에 등기를 하러 갑니다. 전세권은 물권이니까 등기할 수 있다고 생각한 것이지요. 하지만 법원 직원의 말을 듣고 다솜이 언니는 실망합니다.

"전세권을 등기하려면 집주인의 동의가 필요합니다. 다들 전세라고 하니까 용익 물권인 전세권과 혼동하더라구요. 일반적으로 전세라는 것은 주택 임대차 계약상의 임차권을 말해요."

법원 직원의 말이 맞습니다. 언니가 뭔가 오해하고 있었네요. 언니의 전세 계약은 용익 물권인 전세권과 비슷합니다. 전세금을 주고 부동산을 이용하는 것이지요. 그러나 언니가 집주인과 한 계약은 전세권 설정 계약이 아니라 임대차 계약입니다. 전세권 설정 계약으로 발생한 전세권은 물권이므로 누구에게나 그 권리를 주장할 수 있습니다. 부동산 소유권자가 바뀌어도 전세권을 주장할 수 있지요. 반면에 임대차 계약으로 발생한 임차권은 임대인에 대한 채권에 불과합니다.

언니는 등기할 수 없다는 사실을 알게 되자 혹시나 나중에 보증금을 돌려받지 못할까 봐 걱정합니다. 그러나 전세권을 등기하지 않아도 보증금을 보호할 방법이 있습니다. 세입자는 집주인에 비해 상대적으로 약자이고 대부분의 경우 전 재산에 가까운 돈을 보증금으로 지불하므로 나라에서 보호해 줍니다. 임차인을 위해 제정한 특별법인 **주택 임대차 보호법**으로 말이지요. 주택 임대차 보호법은 물권적 효력이 없는 임차권자도 동사무소에 가서 **전입 신고**를 하고 임대차 계약서에 **확정 일자**를 받으면 전세권을 설정한 것과 유사하게 후순위 권리자보다 우선하여 보증금을 받을 수 있도록 규정하고 있습니다. 이러한 제도를 **우선 변제**라고 하지요. 주택 임대차 보호법은 민법보다 우선하여 적용됩니다.

다솜이 형부는 이사한 날 바로 동사무소에 가서 전입 신고를 마칩니다. 인터넷으로도 할 수 있는 일이지만 불안해하는 언니를 안심시키기 위해 직접 전입 신고 도장을 받아 오지요. 이렇게 주택을 인도받고 전입 신고까지 마치면 대항력을 갖춘 임대차 계약이 됩니다. **대항력**이란 제3자에게 권리 관계를 주장할 수 있는 힘입니다. 만약 집주인이 어떤 사람과 계약을 한 상태에서 다른 사람과 같은 내용으로 계약을 한다면 어떻게 될까요? 주택의 인도와 전입 신고를 마친 사람만이 다른 계약자에게 그 주택에 대한 권리를 주장할 수 있습니다. 대항력은 전입 신고를 한 다음날 0시부터 생기므로 이사하자마자 하는 것이 좋습니다.

그리고 동사무소나 법원 등기소에 가서 전입 신고를 하면서 확정 일자를 받아야 합니다. 확정 일자란 주택 임대차 계약을 체결한 날짜입니다. 전입 신고를 하면서 확정 일자를 받고 싶다고 하면 계약서에 확정 일자 확인 도장을 찍어 줍니다. 확정 일자를 받은 원본 임대차 계약서는 분실하지 않도록 잘 보관해야 합니다.

형부는 확정 일자까지 받은 계약서를 언니에게 보여 줄 생각에 기분이 들뜹니다. 이 도장 하나가 나중에 곤란한 상황에 처한 언니와 형부를 어떻게 구해 주는지 볼까요?

형부: 오늘 집주인한테 전화가 왔는데 이 집이 경매에 넘어간대. 우

리가 이사 온 후에 집주인이 새로운 사업을 준비하면서 집을 담보로 대출을 받았나 봐. 그런데 사업이 잘 안 되어서 대출금도 갚지 못하고 집이 경매에 넘어가게 된 것 같아.

언니: 그럼 우리 보증금은 어떻게 되는 거야? 우리 전 재산이잖아.

형부: 걱정하지 마. 이사 올 때 전입 신고를 하면서 확정 일자도 받아 두었거든. 경매 대금에서 은행 대출금보다 우리 보증금을 우선 변제받을 수 있어.

언니: 아, 정말 다행이다.

만약 형부가 확정 일자를 받기 전에 은행이 저당권 등기를 했다면 어떻게 될까요? 이 경우 언니와 형부에게는 우선 변제권이 없습니다. 은행이 1순위가 되기 때문입니다. 저당권이 설정된 부동산은 가능한 한 계약하지 않는 것이 좋지만, 요즘에는 워낙 전세를 구하기 어려워 선순위 권리자가 있어도 임대차 계약을 하는 경우가 있습니다.

이런 상황에서도 주택 임대차 보호법상 보증금 일부를 돌려받을 수 있는 방법이 있는데 이를 **최우선 변제**라고 합니다. 확정 일자를 받지 않아도 대항력만 갖추고 있으면 은행과 같은 선순위 권리자보다 일부 금액을 최우선적으로 변제받도록 규정한 것입니다. 최우선적으로 변제되는 액수는 지역마다 조금씩 다릅니다. 2023년 기준 서울의 경우 보증금 1억 6,500만 원 이하의 주택은 보증금의 최대 5,500만 원을 선순위 권리자보다 우선 변제받습니다. 부동산을 처분한 돈이 은행 대출금을 갚고도 남으면 좋겠지만, 그렇지 않다면 1억 1,000만 원이나 손해를 보겠지요? 그래서 부동산 관련 계약을 할 때는 등기부 등본을 꼼꼼히 살펴야 합니다.

형부가 받아 놓은 확정 일자 덕택에 보증금을 지킨 언니와 형부는 이웃집으로 이사를 했습니다. 집주인과는 잘 알고 지내 왔고 언니 부부에게 친절했기 때문에 더욱 믿음이 갑니다. 그사이 늘어난 살림살이를 옮기느라 고생이 만만치 않지만 이 집에서는 평안하게 지낼 수 있겠다 생각합니다. 그런데 웬걸, 이사한 지 1년도 되지 않아 청천벽력 같은 소식을 듣습니다.

"오늘 낮에 집주인한테서 연락이 왔는데 전세를 월세로 전환하든지 이번 달 안에 이사를 나가든지 하래. 매달 월세까지 내면 안 그래도 빠듯한 살림에 엄청 부담이 될 텐데 어쩌지?"

"아니, 그게 무슨 소리야. 우리가 이 집을 계약할 때 분명 기간을 2년으로 했는데, 마음대로 계약 내용을 바꾸는 게 말이 돼?"

언니와 형부의 신혼 생활이 만만치 않네요. 언니와 형부는 집주인 말 한마디에 거리로 나앉게 되는 걸까요? 물론 대부분의 집주인은 계약을 지킵니다. 그러나 계약 기간을 집주인 마음대로 정한다든지, 재계약을 할 때 보증금이나 집세를 터무니없이 많이 올린다든지 하는 경우도 더러 있습니다.

주택 임대차 보호법은 집주인의 이러한 횡포를 막기 위해 임대차 계약 기간을 원칙적으로 2년으로 정하고 있습니다. 만약 2년 미만으로 계약했다 해도 임차인은 2년의 계약 기간을 주장할 수 있고,

10대를 위한 깜찍한 민법

임대인이 중간에 계약 내용을 바꾸려 해도 처음의 계약 내용을 그대로 유지하겠다고 주장할 수 있습니다.

그리고 임대인이든 임차인이든 어느 한쪽이 계약 만료 1개월 전에 상대방에게 재계약을 하지 않겠다고 통보하지 않으면 임대차 계약은 동일한 조건으로 자동 갱신됩니다. 이때 임대차 기간은 정해지지 않은 것으로 봅니다. 임차인은 언제라도 임대인에게 계약 해지를 통보할 수 있고 통보 후 3개월이 경과하면 보증금 반환을 요구할 수 있습니다. 만약 임대인이 사망하거나 주택을 다른 사람에게 파는 경우에도, 상속인이나 주택 매수인에게 기존 임대차 계약상의 임대인으로서 지위가 자동 승계된다고 규정함으로써 임차인의 권리를 보호하고 있습니다.

우리는 층간 소음 문제로 이웃 간에 폭언과 폭행이 오가고 심지어 살인, 방화까지 벌어지는 모습을 뉴스에서 심심치 않게 접합니다. 10명 중 7명이 공동 주택에 살고 있는 오늘날에는 층간 소음뿐만 아니라 주차, 일조, 통풍 등 이웃과 다툴 일들이 참 많아졌지요. 그래서 이웃과 상린 관계를 이루는 일이 더욱 중요해졌습니다. 상린 관계란 인접한 토지의 소유권자들이 자신의 토지 이용을 어느 정도 제한하여 이웃 간의 토지 이용을 원활히 하는 것입니다. 민법은 제216조~제244조에 상린 관계를 명시하고 있습니다. 소유권자는 상린 관계로 인한 제한을 받아들여야 합니다.

그러나 이웃에서 들려오는 텔레비전 소리, 러닝머신 소리 등을 무한히 참고 받아들여야만 하는 것은 아닙니다. 상린 관계에도 공동생활을 위해 참을 수 있는 정도를 규정한 수인한도가 있기 때문이지요. 최근에는 건축 기준을 높이는 등의 대안을 내놓고 있지만 법적, 물리적 기준 강화가 층간 소음의 최종적 해결 방안이 될 수 있을지는 의문입니다. 현대 사회에서 상린 관계는 어떻게 설정해야 바람직한 걸까요?

상린 관계는 현대 사회에 더 의미가 있는 거 같아. 소유권에 대한 제한 범위가 커지는 것은 피할 수 없는 시대적 흐름이야. 인구가 밀집한 지역에서 토지나 주택 등을 원활하게 이용하려면 수인한도를 높일 수밖에 없어. 물론 벽이나 바닥을 더 두껍게 만들기보다 이웃 간의 배려를 생활화해서 문제를 해결하는 것이 더 좋겠지만 말이야.

과거보다 수인한도가 높아진 것은 사실이야. 하지만 높아진 수인한도를 받아들여야 한다는 식으로 분쟁을 잠재우는 것은 소유권에 대한 과도한 제한이라고 생각해. 다만 사람들의 행동 규범이 되어 줄 명확한 기준은 제시하는 것이 좋을 것 같아. 미국은 이웃으로부터 3번 경고를 받으면 퇴거 명령을 한대. 아무래도 기준이 확실하니까 갈등도 덜 생기고, 분쟁이 생겨도 명쾌하게 해결할 수 있지.

5장

의외로 모르는
가족 이야기

친족법

요람에서 무덤까지
친족법의 구성

결혼을 하고, 자녀를 낳고, 죽고, 상속을 하는 이 모든 일들은 생의 자연스러운 과정인 동시에 법으로 정해 놓은 사회의 제도이기도 합니다. 지금부터 우리는 평소 잘 안다고 생각했지만 의외로 잘 몰랐던 가족 이야기를 민법의 시선에서 살펴보고자 합니다.

가족법은 앞서 살펴본 재산법과는 달리 이성적이고 합리적인 기준만 적용하지는 않습니다. 가족법은 가족 간의 권리 관계를 정한 친족법과, 사망한 가족의 재산이 남은 가족들에게 이전될 때 생기는 재산 관계를 다룬 상속법으로 나뉩니다. 사람이 사망한 후에 생기는 상속의 문제는 6장에서 살펴보기로 하고, 이 장에서는 가족의 탄생을 시작으로 하는 친족법부터 살펴보도록 하겠습니다.

친족법은 총 8장으로 구성되어 있습니다. 제1장 총칙은 친족의 종류와 범위를 규정하고, 제2장은 어디까지를 가족으로 보며 자녀의 성과 본은 어떻게 결정되는지를 규정합니다. 제3장은 약혼과 혼인 그리고 이혼을 다룹니다. 제4장은 부모와 자녀의 관계인 친자 관계를 규정하며 부양, 상속 등의 효과도 다룹니다. 제5장은 미성년 후견과 성년 후견으로 나누어 후견 제도를 규정합니다. 제6장에서 다루던 친족회 제도는 2011년 3월 7일 일부 개정되어 2013년 7월에 폐지되었습니다. 제7장은 혼인으로 발생하는 친족 간의 부양을 규정합니다. 제8장 호주승계는 헌법 재판소의 위헌 결정으로 2005년 3월에 폐지되었습니다.

친족법의 구성은 한 사람의 생애 주기를 떠오르게 합니다. 한 가정에서 태어나 사랑을 하고, 가정을 이루고, 자녀를 낳아 돌보는 과정이 담겨 있지요. 훗날 부부가 되고 부모가 될 여러분은 가족 구성원의 권리와 의무를 규정한 친족법에 대해 얼마나 알고 계신가요?

민법 제4편 친족							
제1장	제2장	제3장	제4장	제5장	제6장	제7장	제8장
총칙	가족의 범위와 자녀의 성과 본	혼인	부모와 자녀	후견	친족회 (삭제)	부양	호주승계 (삭제)

어디까지가 가족일까?
친족과 가족의 범위

민법은 친족의 범위를 8촌 이내의 혈족, 4촌 이내의 인척, 배우자로 규정합니다.

혈족은 혈연관계인 사람들을 말합니다. 부모, 형제, 자녀가 그 예입니다. 입양한 경우에도 자연 혈족과 같은 관계가 인정됩니다. **인척**은 혈족의 배우자, 배우자의 혈족, 배우자의 혈족의 배우자를 말

<촌수관계도>

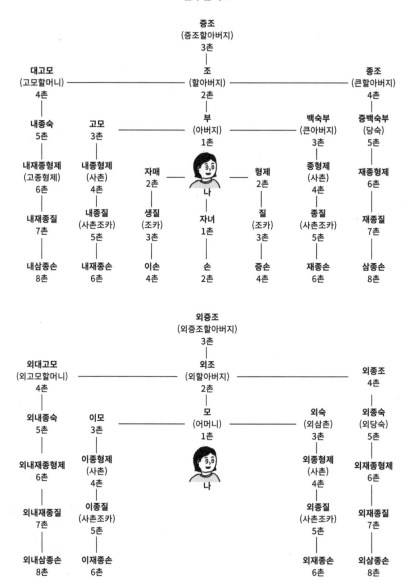

중조
(증조할아버지)
3촌

| 대고모
(고모할머니)
4촌 | | 조
(할아버지)
2촌 | | 종조
(큰할아버지)
4촌 |

내종숙
5촌

고모
3촌

부
(아버지)
1촌

백숙부
(큰아버지)
3촌

증백숙부
(당숙)
5촌

내재종형제
(고종형제)
6촌

내종형제
(사촌)
4촌

자매
2촌

나

형제
2촌

종형제
(사촌)
4촌

재종형제
6촌

내재종질
7촌

내종질
(사촌조카)
5촌

생질
(조카)
3촌

자녀
1촌

질
(조카)
3촌

종질
(사촌조카)
5촌

재종질
7촌

내삼종손
8촌

내재종손
6촌

이손
4촌

손
2촌

증손
4촌

재종손
6촌

삼종손
8촌

외중조
(외증조할아버지)
3촌

외대고모
(외고모할머니)
4촌

외조
(외할아버지)
2촌

외종조
4촌

외내종숙
5촌

이모
3촌

모
(어머니)
1촌

외숙
(외삼촌)
3촌

외종숙
(외당숙)
5촌

외내재종형제
6촌

이종형제
(사촌)
4촌

나

외종형제
(사촌)
4촌

외재종형제
6촌

외내재종질
7촌

이종질
(사촌조카)
5촌

외종질
(사촌조카)
5촌

외재종질
7촌

외내삼종손
8촌

이재종손
6촌

외재종손
6촌

외삼종손
8촌

10대를 위한 깜찍한 민법

합니다. 혈족인 동생의 배우자나 자녀의 배우자인 며느리 혹은 사위가 대표적입니다. 인척 관계는 혼인으로 생기고 이혼으로 소멸합니다. 부부 중 한쪽이 사망한 경우에는 바로 소멸되지 않고 생존한 배우자가 재혼할 때 소멸됩니다.

민법은 친족 중에서도 배우자, 직계 혈족 및 형제자매, 직계 혈족의 배우자, 배우자의 직계 혈족 및 배우자의 형제자매(생계를 같이하는 경우에 한함)만 가족으로 봅니다. 그러나 이 범위를 벗어난다고 해서 가족이 아니라고 할 수는 없습니다.

현행 민법은 다양한 가족의 형태를 포함하지 못한다는 비판을 받기도 합니다. 법이 정한 가족의 범위는 다양한 가족 형태 가운데 하나일 뿐임을 기억해야 합니다.

고등학생도 약혼할 수 있을까?

약혼

"다솜아, 나 너랑 결혼하고 싶어. 나와 약혼해 줄래? 일단 약혼부터 하고, 졸업하면 결혼하자!"

민호는 다솜이에게 진심을 담아 고백하고 반지를 내밉니다. 떨리는 마음으로 다솜이의 대답을 기다리는데 다솜이의 표정이 밝지만은 않습니다. 다솜이의 마음은 민호와 같지 않은 걸까요?

"민호야, 우린 약혼할 수 없어. 우린 아직 학생이고, 미성년자잖아. 약혼은 성인이 되어야 할 수 있는 거 아니야?"

정말 다솜이의 말이 맞을까요? 민호는 다솜이가 대학에 가면 다른 남자 친구를 사귀게 될까 봐 불안합니다. 하루빨리 다솜이와 결혼하고 싶은 민호의 꿈은 이루어질 수 없는 걸까요?

결혼하기로 약속하는 것을 **약혼**이라고 합니다. 반드시 해야 하는 것은 아니지만 약혼 풍습이 강하게 남아 있는 우리나라는 민법에도 약혼에 관한 내용을 규정하고 있지요. 약혼은 누구나 자유롭게 할 수 있습니다. 미성년자도 18세가 되면 부모의 동의를 받아서 약혼할 수 있습니다. 물론 약혼했다고 해서 무조건 결혼을 해야 하는 것은 아닙니다. 다솜이가 민호와 약혼한 뒤에 다른 사람과 약혼이나 혼인을 할 경우 민호는 약혼을 해제할 수 있을 뿐입니다. 다만 다솜이의 책임으로 약혼이 해제되었다면 다솜이가 받은 예물은 민호에

　　　　　　　　　　　　　　10대를 위한 깜찍한 민법

게 돌려줘야 합니다. 또 민호는 다솜이에게 재산상 손해와 정신적 고통에 대한 손해 배상을 청구할 수도 있습니다.

우리 결혼했어요
혼인

"다솜아, 만 18세 이상이면 결혼할 수 있대! 약혼은 건너뛰고 우리 바로 결혼하자."

시간이 지나 만 18세가 된 민호는 다솜이를 향한 마음을 접을 수 없어 다시 한 번 청혼합니다. 그런데 또 다솜이의 얼굴이 어둡습니다. 다솜이는 민호와의 결혼을 원하지 않는 걸까요?

"민호야, 미성년자가 결혼하려면 부모님의 동의가 필요해. 나도 너를 많이 좋아하고, 너와 가족이 되고 싶어. 하지만 과연 부모님이 고등학생인 우리의 결혼을 허락해 주실까?"

사랑하는 마음만 가지고는 결혼할 수 없는 걸까요? 드라마나 영화에서는 주인공들이 둘만의 결혼식을 올리기도 합니다. 그러나 민법에서 결혼은 혼인의 요건을 만족시키는 경우에만 인정됩니다.

일단 당사자들에게 혼인 의사가 있어야 합니다. 남녀 모두 만 18세 이상이 되어야 혼인할 수 있으며, 미성년자인 경우 부모 등 보호자의 동의를 얻어야 합니다. 또 민법은 가까운 혈족 및 인척 사이의

혼인을 금지하고 일부일처제를 고수하기 때문에 중복 혼인은 허용하지 않습니다.

그리고 법률혼주의를 취하고 있어 혼인 신고를 해야 효력이 생깁니다. 혼인 신고를 하지 않으면 두 남녀가 실제로 수년간 혼인 의사를 가지고 결혼 생활을 해 왔더라도 법적인 효력을 가지는 **법률혼**으로 인정되지 않습니다. 사실상 부부로 혼인 생활을 하고 있지만 혼인 신고를 하지 않아 법률혼으로 인정되지 않는 부부 관계는 **사실혼**이라고 합니다. 민법은 법률혼주의를 기본으로 하기에 사실혼에 관한 규정은 두고 있지 않지만, 판례를 통해 어느 정도는 보호하고 있습니다. 사실혼의 경우 친족 관계의 형성과 상속을 제외한 법률혼의 나머지 효력은 대부분 인정됩니다.

민호와 다솜이는 부모님의 동의를 얻어 결혼식을 올렸습니다. 혼

　　　　　　　　　　　　　　　　　10대를 위한 깜찍한 민법

혼인의 요건	
실질적 요건	당사자 사이에 혼인 의사의 합치가 있을 것
	당사자가 만 18세 이상일 것
	당사자가 미성년자일 경우 부모 등 보호자의 동의를 얻을 것
	근친자 간의 혼인이 아닐 것
	중혼이 아닐 것
형식적 요건	혼인 신고

근친의 기준
8촌 이내의 혈족
6촌 이내의 혈족의 배우자
배우자의 6촌 이내의 혈족
배우자의 4촌 이내의 혈족의 배우자인 인척(또는 인척이었던 자)
6촌 이내의 양부모계의 혈족이었던 자
4촌 이내의 양부모계의 혈족이었던 자

인 신고까지 마쳐 정식 부부가 되었지요. 첫사랑과 결혼한 민호는 매일이 꿈만 같습니다. 그런데 다솜이는 마냥 좋지만은 않습니다. 집에 오면 게임만 하는 민호가 마음에 들지 않습니다. 그래서 아무런 상의도 없이 민호의 컴퓨터를 팔아 버립니다. 그 사실을 알게 된 민호는 화가 잔뜩 났지요. 첫 부부 싸움이 일어나는 걸까요?

"다솜아, 그 컴퓨터는 결혼하기 전에 내가 산 내 물건이야. 왜 내 컴퓨터를 판 거야?"

"부부라면 서로 그 정도는 할 수 있는 거 아니야? 그리고 컴퓨터 팔아서 번 돈으로 우리가 먹을 쌀이랑 반찬을 사고 밀린 세금을 냈

단 말이야."

다솜이는 정말 속상합니다. 좋아한다고 할 때는 언제고 이제 와서 네 것 내 것 따지는 민호가 원망스럽습니다.

다솜이 말처럼 부부는 서로 혼인 및 가정 생활을 유지하는 일상적인 가사에 관한 대리권을 가집니다. 이를 **일상 가사 대리권**이라고 하지요. 그러나 민호의 말도 맞습니다. 민법은 혼인하기 전부터 가지고 있던 고유 재산과 혼인 중 자신의 명의로 취득한 재산은 각자 관리, 사용, 수익, 처분하도록 하는 **부부 별산제**를 채택하고 있습니다. 그리고 누구에게 속한 것인지 분명하지 않은 재산은 부부의 공유 재산으로 추정합니다. 부부의 공동생활에 필요한 비용은 누가 부담해야 할까요? 민법은 당사자 간에 특별한 약정이 없으면 공동으로 부담한다고 규정하고 있습니다.

10대를 위한 깜찍한 민법

"미안해, 다솜아. 생활비가 부족했었구나…."

민호는 생활비 때문에 혼자 속앓이했을 다솜이를 생각하니 미안하기도 하고 고맙기도 합니다. 이런 게 바로 결혼 생활이구나, 싶기도 하지요.

혼인을 한 민호와 다솜이에게는 또 어떠한 변화들이 일어날까요? 민호와 다솜이는 가족 관계 등록부에 부부로 기재됩니다. 그리고 서로의 4촌 이내의 혈족과 혈족의 배우자 사이에 인척 관계도 생깁니다. 부부 간에 **동거·부양·협조·정조의 의무**도 부담하게 되지요.

민호와 다솜이처럼 혼인을 한 미성년자는 성년에 달한 것으로 보아 행위 능력이 인정되고, 부모의 동의 없이 독자적으로 계약을 할 수 있습니다. 이를 **성년 의제**라고 합니다. "결혼하면 어른 대접을 해 줘야 한다."는 옛말처럼 미성년자라 해도 혼인을 하면 성년이 되었다고 보고 독립적으로 혼인과 가족생활을 꾸려 갈 수 있도록 해 놓은 제도입니다. 이혼한다고 해도 성년 의제의 효력은 계속됩니다. 하지만 이러한 취지와 관계없는 공직 선거법이나 근로 기준법 등의 법률은 혼인을 했다 해도 여전히 미성년자로 받아들입니다.

우리 인연은 여기까지

이혼

결혼은 현실이라고 했던가요? 연애할 때는 상대방이 뭘 해도 좋아 보였는데 결혼 생활을 하다 보니 단점만 보입니다. 다솜이는 밤낮 없이 게임만 하는 민호가 마음에 들지 않습니다. 집안일을 돕기는 커녕 자기 일조차 스스로 하는 것이 없습니다. 아무렇게나 벗어 놓은 양말이며 옷가지를 볼 때마다 화가 치밀어 오르지요. 민호라고 불만이 없는 것은 아닙니다. 종일 잔소리만 하는 다솜이가 불만입니다. 주말에는 집에서 오붓하게 시간을 보내고 싶어 하는 민호와 달리 활동적인 다솜이는 민호를 뇌두고 혼자 여행을 가 버리기도 합니다. 아침형 인간인 민호와 올빼미형 인간인 다솜이는 같은 집에 살아도 활동 시간이 달라 마주치지 않는 날도 많습니다. 더위를 많이 타는 민호와 추위를 많이 타는 다솜이는 휴가지를 정하면서도 싸웁니다.

결혼 3년차에 접어들자 다솜이와 민호의 갈등은 최고조에 달합니다. 서로를 더욱 배려하고 양보하기로 수없이 다짐하지만 의견 차이를 좁히지 못합니다. 결국 두 사람은 각자의 길을 가기로 합니다. 평생 함께하며 다정한 부부로 늙어 가려던 두 사람은 서로가 너무 다르다는 것을 깨닫고 이혼을 결정합니다.

"다솜아, 우리 인연은 여기까지인 것 같아. 잘 지내."

"그래. 여러모로 미안했어. 앞으로도 친구로서 계속 응원할게."

민호와 다솜이의 사연이 참 안타깝습니다. 그러나 만남이 있으면 헤어짐도 있는 법, 민호와 다솜이의 미래를 함께 응원해 줍시다.

일반적으로 혼인은 이혼이나 배우자의 사망으로 해소됩니다. 혼인이 해소되면 부부 사이의 동거·부양·협조·정조의 의무, 재산 관계 등 혼인에 의해 생긴 모든 권리와 의무는 소멸합니다. 이혼은 인척 관계까지 소멸시키지만 인척 관계가 소멸했다 해도 전 배우자의 6촌 이내의 혈족, 배우자의 4촌 이내의 혈족의 배우자와는 재혼할 수 없습니다. 배우자의 사망으로 혼인이 해소되는 경우에는 인척 관계가 소멸되지 않고 유지되다가 생존 배우자가 재혼할 때 소멸합니다.

당사자의 가족 관계 등록부에는 이혼 사실이 기록되지만 가족 관계 증명서에는 현재 배우자가 없다는 사실만 표시됩니다. 그러나 당사자의 혼인 관계 증명서에는 이혼 사실과 전 배우자의 이름이 기재됩니다.

가정 법원 앞 카페에 앉아 다솜이를 기다리던 민호는 본의 아니게 옆 테이블에 앉은 부부의 대화를 듣습니다.

"여보, 내 잘못을 반성하고 있어요. 우리 다시 잘해 봅시다."

"나는 당신을 용서할 수가 없어요. 이혼에 합의해 줘요."

민호는 왠지 씁쓸한 기분이 듭니다.

민호와 다솜이처럼 서로 이혼 의사가 일치하는 경우에는 **협의 이혼**을 할 수 있지만, 민호가 카페에서 본 부부처럼 이혼 의사가 일치하지 않을 때는 부부 한쪽이 가정 법원에 이혼을 청구해 **재판상 이혼**을 할 수 있습니다. 단 부부의 이혼에 법원이 개입하려면 다음의 6가지 원인 중 하나 이상에 해당되어야 합니다.

재판상 이혼 원인
1. 배우자의 부정한 행위가 있었을 때
2. 배우자가 악의로 다른 일방을 유기한 때
3. 배우자 또는 그 직계 존속으로부터 심히 부당한 대우를 받았을 때
4. 자기의 직계 존속이 배우자로부터 심히 부당한 대우를 받았을 때
5. 배우자의 생사가 3년 이상 분명하지 아니한 때
6. 기타 혼인을 계속하기 어려운 중대한 사유가 있을 때

우리 민법은 협의 이혼의 경우 이혼하려는 이유를 묻지 않고 받아들이지만, 재판상 이혼은 허용되는 이혼 사유가 매우 제한적입니다. 게다가 이혼 원인에 책임이 있는 배우자는 이혼을 청구할 수 없도록 규정하고 있지요. 이를 **유책주의**라고 합니다. 부부의 일방 또는 쌍방에게 혼인 파탄의 책임이 있는 경우에만 이혼을 청구할 수 있다는 원칙입니다. 따라서 혼인 관계가 파탄된 경우라도 유책 사유가 입증되지 않으면 이혼할 수 없습니다.

이와 달리 **파탄주의**는 혼인 파탄에 대한 책임과 관계없이 혼인이 파탄되었다는 객관적인 사실만 있으면 이혼이 허용됩니다. 우리 민법은 유책주의를 택하고 있지만 보완적으로 파탄주의를 허용하고 있고, 앞으로 더욱 확대될 것으로 전망됩니다.

친족과 상속에 관한 가사 사건을 다루는 가사 소송법은 재판상

이혼에 앞서 조정 절차를 먼저 거치도록 규정하고 있습니다. 이는 당사자의 합의를 우선시하려는 것이지요. 이혼을 하려면 가정 법원에 조정 신청부터 해야 합니다. 조정 절차에 있어서 이의가 있거나 조정 결과에 불복하면 이혼 절차는 재판으로 넘어갑니다. 이혼도 혼인과 마찬가지로 신고를 해야 효력이 생기는데, 재판상 이혼의 경우 조정이 성립된 날 또는 판결이 확정된 날로부터 1개월 안에 이혼 신고를 해야 합니다.

협의 이혼을 신청한 민호와 다솜이는 가정 법원으로부터 이혼에 관한 안내를 받을 의무가 있습니다. 이혼에 관한 안내는 이혼 절차, 재산 분할, 친권, 양육, 양육비, 면접 교섭 등의 이혼의 결과와 이혼이 자녀에게 미치는 영향 등 이혼에 관한 전반적인 설명을 포함합니다. 양육할 자녀가 있는 경우에는 안내를 받은 날로부터 3개월, 그렇지 않은 경우는 1개월의 숙려 기간이 지난 후 가정 법원에서 이혼 의사를 확인받을 수 있습니다. 협의 이혼은 가정 법원으로부터 이혼 의사를 확인받은 날로부터 3개월 안에 이혼 신고를 해야 합니다.

"다솜아, 우리 한 달 동안 다시 생각해 보는 게 어떨까?"

다솜이가 알겠다며 고개를 끄덕입니다. 다솜이와 민호는 숙려 기간이 지난 뒤에 어떤 결정을 할까요?

숙려 기간은 이혼 당사자들이 이혼 결정에 대해 다시 생각하고 자녀의 양육 문제를 논의할 시간을 갖도록 의무화한 것입니다. 그렇다고 해서 숙려 기간을 무조건 지켜야 하는 것은 아닙니다. 부부 한쪽의 폭력 등으로 인해 혼인을 지속하는 것이 배우자에게 참을 수 없는 고통이 된다고 판단되는 경우 법원의 재량으로 숙려 기간을 단축 또는 면제할 수 있습니다.

한 달이 지난 뒤 다솜이와 민호는 결국 가정 법원에 출석해 이혼 의사를 확인받고 이혼 신고까지 마칩니다. 그러나 이혼 절차는 이것으로 끝난 것이 아닙니다.

"민호야, 텔레비전은 네가 가져."

"그래, 고마워. 화장대랑 의자는 네가 가져가."

"집은 어떻게 하지? 대출금도 다 못 갚았는데⋯. 만기가 한참 남은 적금 통장은 또 어떻게 하지?"

이혼을 하려니 현실적으로 많은 것들이 걸립니다. 민호와 다솜이는 그동안 꾸려온 것들을 하나둘씩 정리합니다. 단출한 살림이었지만 정리하려고 보니 쉽지만은 않습니다.

민호와 다솜이 부부 사이에는 자녀가 없기 때문에 자녀 양육에 관한 사항은 협의할 것이 없지만 재산을 어떻게 청산할 것인가 하는 문제가 남습니다. 이처럼 혼인 생활 중에 협력하여 이룬 재산을 적절하게 나눌 권리를 **재산 분할 청구권**이라고 하고, 이는 두 사람 모두에게 주어집니다. 혼인 파탄에 책임이 있는 유책 배우자에 대한 손해 배상 청구권과는 별개의 것이지요.

자녀가 있는 부부가 이혼하는 경우에는 자녀 양육에 관한 사항도 협의해서 결정해야 합니다. 누가 양육자가 될 것인지, 양육 비용을 누가 어떻게 부담할지 정하는 것이지요. 또 자녀를 양육하지 않는 쪽에서 자녀를 만나거나 연락할 권리인 **면접 교섭권**의 행사 여부와 방법도 결정해야 합니다. 면접 교섭권은 부모와 자녀 모두의 권리로, 이혼 후에도 부모가 자녀와 관계를 이어 나가며 자녀의 정서 안정과 원만한 인격 발달에 기여하도록 합니다.

양육권과는 별개로 친권자도 정해야 합니다. 친권자와 양육자는 다를 수 있지요. 협의 이혼의 경우 부모의 협의로 친권자를 정하고, 재판상 이혼의 경우 가정 법원이 직권으로 친권자를 정합니다.

부모가 된다는 것

친자 관계와 친권

다솜이가 고등학생일 때 있었던 일입니다. 다솜이는 부모님의 결혼사진을 보다가 이상한 점을 발견합니다.

'××××년 1월 1일? 내 생일은 그해 7월 31일인데?'

다솜이는 부모님이 '속도위반'을 했다는 걸 알고 놀랍니다. 하지만 얼마 뒤 더 놀라운 사실을 알게 됩니다. 민법은 혼인한 날로부터 200일 후에, 그리고 혼인 관계가 끝난 날로부터 300일 안에 출생한 자녀는 혼인 중에 임신한 것으로 추정한다는 것입니다.

그런데 '혼인 관계가 끝난 날로부터 300일'이라는 부분은 2015년 5월 헌법 재판소에서 어머니의 기본권을 침해한다며 헌법 불합치 결정을 내린 바 있습니다. 숙려 기간이나 조정 기간을 거치는 동안에 실질적인 혼인 관계가 이미 끝날 수 있다고 보는 법률적 시각의 변화, 유전자 검사로 부자 관계를 신속하게 확인할 수 있게 된 의학 기술의 변화, 이혼 사례가 증가하고 있는 사회적 변화를 반영한 것이지요. 국회는 헌법 재판소의 판결에 맞춰 앞으로 이 부분을 개정

앤젤리나 졸리와 브래드 피트의 가족

해야 합니다.

혼인하지 않은 부모로부터 자녀가 태어난 경우 친자 관계를 증명하려면 특별한 절차를 거쳐야 합니다. 어머니는 출산으로 자연스럽게 증명되지만, 아버지는 **인지**라는 절차를 거쳐야 하지요. 할리우드 배우 앤젤리나 졸리와 브래드 피트는 결혼하지 않은 상태에서 자녀를 낳아 길렀습니다. 우리 민법을 적용해서 볼 때 졸리와 피트는 법적인 부부가 아니므로 인지 절차를 거쳐 친자 관계를 증명해야 합니다. 졸리와 피트 부부는 10년이 지난 후에 혼인 신고를 마쳤는데, 우리 민법은 혼인 신고 전에 태어난 부부의 친자녀들도 부부가 혼인 중에 출산한 것으로 봅니다. 이를 **준정**이라고 합니다.

출산하지 않고 부모가 될 수도 있습니다. 민법은 자연적인 출산을 통해 친자 관계가 성립되는 경우뿐만 아니라 입양을 통해 친자 관계가 성립되는 경우도 규정하고 있습니다.

다솜이의 고모와 고모부는 결혼하고 10년 동안 유치원을 운영하고 있는데 둘 사이에는 아직 아이가 없습니다. 대신 고모 부부의 유치원에 다니는 복남이라는 아이를 친자식처럼 예뻐합니다. 복남이는 갓난아기 때 부모님을 여의고 할머니 손에 자란 아이인데, 복남이도 고모 부부를 무척이나 잘 따릅니다.

곧 초등학교에 입학할 복남이를 걱정하던 고모 부부는 복남이를 입양하기로 합니다. 복남이와 고모 부부는 가족이 될 수 있을까요?

입양은 당사자 사이에 입양 의사가 합치되어야 합니다. 그러나 양자녀가 될 사람이 만 13세 미만인 경우에는 법정 대리인이 대신 입양을 결정합니다. 자신이 세상을 떠난 뒤에 혼자 남겨질 복남이를 걱정하던 복남이의 할머니는 고모 부부의 입양 제의에 동의합니다. 고모 부부는 가정 법원의 허가를 받아 복남이를 입양하여 가족

10대를 위한 깜찍한 민법

이 됩니다. 복남이는 고모와 고모부의 친생자녀와 같은 지위를 가지게 되었지요.

그러나 입양을 한 뒤에도 몇 가지 문제가 남습니다. 바로 복남이의 성입니다. 입양했다고 해서 바로 양아버지인 고모부의 성으로 바뀌는 것은 아니기 때문입니다. 가정 법원은 자녀의 복리를 위해서 성을 변경할 필요가 있을 때는 부, 모 또는 자녀의 청구에 의해 자녀의 성을 변경하는 것을 허가합니다. 고모부는 이제 곧 학교생활을 시작할 복남이가 친구들에게 놀림당할 게 걱정되어 복남이의 성을 바꿔 줍니다.

다솜이 고모 부부의 아들이 된 복남이는 다솜이의 고모를 당당하게 엄마라 부르고 고모부를 아빠라 부릅니다. 아들이 생긴 고모네 집에는 이전보다 훨씬 생기가 넘치지요. 이렇게 정식으로 부모와 자녀 관계가 된 이 가족에게는 어떤 변화가 생길까요?

복남이의 가족 관계 증명서에는 부모란에 낳아 주신 부모와 양부모가 기재됩니다. 복남이에 대한 친권은 할머니가 아니라 양부모에게 있고, 여느 부모와 자식처럼 부양과 상속 관계가 생깁니다. 그러면 이제 할머니는 더 이상 복남이의 할머니로 살 수 없는 걸까요? 그건 아닙니다. 양자녀의 입양 전 친족 관계는 소멸되지 않습니다. 복남이는 입양되면서 새로운 가족과 친족을 얻었지만 복남이의 할머니도 여전히 복남이의 가족으로 인정됩니다. 복남이 할머니는 복남이에게 재산도 상속할 수 있습니다.

고모와 고모부는 복남이와 할머니를 오래 알아 왔기 때문에 이와 같은 일반 입양을 했지만, 민법에는 일반 입양 외에도 친양자녀 제도를 두고 있습니다. 2008년 1월 1일부터 시행된 친양자녀 제도에 따르면 양자녀는 부부의 혼인 중에 출생한 친생자녀로 간주됩니다. 일반 입양과 달리 별도의 절차를 따르지 않아도 입양이 성립되는 순간 양자녀는 양친의 성과 본을 따르고, 양자녀의 입양 전 친족 관계는 소멸되어 가족 관계 증명서에도 양부모만 기재됩니다. 친양자녀 제도는 양자녀가 입양 가족의 구성원으로 자연스럽게 편입, 동화되도록 유도하기 위해 마련한 제도입니다. 친권 역시 양부모가 공동으로 행사합니다.

친족법은 부모 자식 간의 관계를 친권으로 규정합니다. **친권**이란 자녀를 보호, 양육하고 재산을 관리할 권리이자 의무입니다. 부모는 자녀에게 친권을 행사해야 하고, 미성년자인 자녀는 부모의 친권을 따라야 하지요. 부모의 친권은 자녀가 성년이 되면 소멸합니다. 혼인 상태에 있는 부부는 공동으로 친권을 행사하고, 이혼한 부부는 둘 중 한 사람이 친권을 가집니다. 협의 이혼의 경우 부부 중 누가 친권을 행사할지 협의해서 결정하고, 재판상 이혼의 경우에는 가정 법원이 친권자를 정합니다.

친권은 부모의 권리이지만 부모 마음대로 행사해도 되는 것은 아닙니다. 자녀의 성장과 인격 발달에 도움이 되는 방향으로 행사해야 하지요. 친권자는 자녀를 보호하고 가르칠 권리와 의무가 있고, 자녀에게 적당한 거처를 제공해야 합니다. 복남이가 이웃집 창문을 깨면 친권자인 양부모는 감독 의무자로서 손해 배상의 책임을 집니다. 또 복남이가 잘못된 행동을 하면 친권이 남용되지 않는 범위 안에서 따끔하게 징계할 수 있습니다. 복남이가 약혼이나 혼인을 할 때 동의를 해 줄 수도 있고, 복남이가 친부모로부터 받은 재산을 관리해 줄 수도 있습니다.

제5회 민법능력평가

고시원에 사는 김씨 할아버지는 거리에서 주운 폐지를 팔아 생활합니다. 하지만 한 달 내내 폐지를 주워도 할아버지가 버는 돈은 10만 원이 안 됩니다. 정부에서 지급하는 기초 노령 연금 20만 원까지 합쳐도 한 달 생활비가 30만 원밖에 되지 않지요. 김씨 할아버지처럼 스스로 생활을 유지하기 어려운 사람들, 최저 생활조차 영위할 수 없는 사람들을 위해 정부는 기초 생활 수급비를 지원하고 있지만, 김씨 할아버지는 돈을 버는 아들이 있어서 이 돈도 받지 못합니다.

대학을 졸업하고 어렵게 취업한 김씨 할아버지의 아들은 얼마 되지 않는 월급으로 월세와 두 아이의 양육비를 부담하고 있습니다. 아버지에게 생활비를 보태 드리고 싶어도 매달 적자에 시달리는 상황이라 쉽지 않습니다. 김씨 할아버지는 빠듯하게 살아가는 아들에게 짐이 되고 싶지 않아 도움을 요청하지 않습니다.

민법은 사적 부양을 원칙으로 합니다. 가족과 친족이 부양의 책임을 지도록 하고 있지요. 김씨 할아버지처럼 부양 의무자가 있으면 상황이 아무리 열악해도 공적 부조를 받지 못합니다. 그런데 정말 부양은 가족과 친족 공동체만의 책임인 걸까요? 국가의 책임은 항상 차선인 걸까요?

옛날부터 우리 사회는 가족이나 친족이
어려울 때 서로 돕는 것이 미덕이었어.
그러니까 기본적으로 부양의 책임은
가족과 친족에게 있다고 생각해. 게다가
이러한 책임을 과도하게 국가에 넘기면
국민의 세금 부담이 훨씬 늘어날 거야.

오늘날 우리 사회는 핵가족화되어서
가족이나 친족에 대한 유대가 전통 사회에
비해 매우 약해져 있어. 게다가 점점
더 복잡해지고 있는 사회·경제 구조가
사람들을 먹고살기 힘들게 만들고 있지.
가족이나 친족이라고 해도 제한적으로
부담하는 것이 맞다고 생각해.

6장

끝은 또 다른 시작

상속법

남은 가족을 부탁해

법정 상속

민호 할아버지와 할머니는 결혼하면서부터 지금까지 시장 골목에서 국수 가게를 운영하고 있습니다. 그런데 최근 할아버지의 건강이 안 좋아지면서 할머니 혼자 가게를 여는 날이 많아졌고, 할아버지를 돌보느라 아예 문을 못 여는 날도 생겼습니다. 결국 할아버지는 국수 가게를 처분해서 자녀들에게 상속하기로 결정합니다. **상속**이란 사망한 사람의 재산을 다른 사람에게 이전하는 것을 말합니다. 할아버지는 재산을 누구에게, 어떻게 상속할까요? 어린 자녀를 두어 양육비 부담이 큰 민호의 고모와, 퇴직 후 새로운 사업을 준비하고 있어 자금이 필요한 민호의 아버지 중 누구에게 상속될까요? 대학 등록

금 때문에 걱정인 민호도 상속을 받을 수 있을까요?

민법 제5편 상속에서는 제4편 친족과는 다른 이야기가 펼쳐집니다. 제4편은 가족 관계, 가족 구성원의 지위와 역할 등에 초점을 맞추지만, 제5편은 가족 구성원의 재산 관계를 다룹니다. 제4편에는 '부'와 '모', '자녀'라는 단어가 자주 등장하지만, 제5편은 '피상속인', '상속인'이라는 단어가 자주 등장하고 가족 간의 재산 관계를 중심으로 한 규정들이 나열됩니다.

그런데 물권 편과 채권 편에 재산 관계를 규정해 놓았으면서 가족 간의 재산 관계를 따로 다루는 이유는 무엇일까요? 예나 지금이나 재산을 형성한다는 것은 오롯이 한 개인의 영역으로만 볼 수 없습니다. 아버지는 아버지대로, 어머니는 어머니대로, 또 자녀는 자녀대로 제 역할을 하며 가족 공동체를 이루고 재산을 형성해 나갑니다. 그래서 민법은 사망한 사람의 권리나 재산을 그의 가족과 일정한 범위의 친족들에게 이전하도록 정해 놓았지요.

국수 가게 판 돈을 상속하려는 민호 할아버지는 **피상속인**이고, 할아버지의 재산을 상속받는 가족은 **상속인**입니다. 우리 민법은 유언의 자유를 인정하므로 할아버지는 유언으로 상속인을 지정할 수 있습니다. 유언을 통해 유산을 다른 사람에게 물려주는 것을 **유증**이라고 합니다.

만약 할아버지의 유언이 없을 경우 할아버지의 재산은 민법이 정해 놓은 범위와 순위대로 상속되는데, 이를 **법정 상속**이라고 합니다. 제1순위 상속인은 피상속인의 직계 비속인 민호의 아버지와 고

법정 상속 순위	
우선순위	피상속인과의 관계
1순위	직계 비속과 배우자
2순위	직계 존속과 배우자
3순위	형제자매
4순위	4촌 이내의 방계 혈족

모, 제2순위 상속인은 피상속인의 직계 존속인 민호의 증조할아버지와 증조할머니, 제3순위 상속인은 피상속인의 형제자매인 민호의 작은할아버지, 제4순위는 피상속인의 4촌 이내의 방계 혈족인 민호 할아버지의 사촌형제들입니다.

피상속인의 배우자인 민호 할머니는 제1순위 상속인인 직계 비속과 공동 상속인이 되고, 직계 비속이 없을 경우 제2순위 직계 존속과 공동 상속인이 됩니다. 직계 비속도 없고 직계 존속도 없을 경우 배우자는 단독 상속인이 됩니다. 민호의 증조할아버지는 돌아가셨으므로 법정 상속 대상은 민호의 할머니, 아버지, 고모가 되겠네요. 민호는 법정 상속으로는 상속인이 될 수 없습니다. 하지만 할아버지보다 아버지가 먼저 돌아가실 경우 아버지가 받을 상속분에 대한 상속권을 민호의 어머니와 민호가 가집니다.

공동 상속인이 된 민호의 할머니와 아버지, 고모는 상속 재산을 분할할 때까지 할아버지의 재산을 공유합니다. 공동 상속인 간의 법정 상속분은 아들과 딸, 장남과 차남 구별 없이 같습니다. 그러나 배우자는 5할을 가산하여 민호 할머니는 1.5, 민호 아버지와 고모는

법정 상속분	
상속인	상속분
배우자	1.5
직계 비속	1

각각 1씩 상속됩니다. 예를 들어 민호 할아버지의 상속 재산이 3억 5000만 원이라면 민호 할머니는 1억 5000만 원을, 민호 아버지와 고모는 각각 1억 원씩을 상속받는 것이지요.

민법은 상속인의 결격 사유를 규정하고 이에 해당하면 상속의 자격을 잃도록 해 두었습니다. 법이 정한 상속인의 결격 사유에는 피상속인에 대한 패륜 행위, 피상속인의 유언에 관한 부정행위(몰래 유언장을 고치는 등의 행위) 등이 있습니다.

생각보다 까다롭네
유언의 방식

'가족 간에 재산 문제로 다투는 일은 보고 싶지 않아. 죽기 전까지 유언 내용은 비밀로 해야겠어.'

민호 할아버지는 깊은 새벽, 홀로 서재에 앉아 가족 한 명 한 명을 생각하면서 한 자 한 자 유언을 써 내려 갑니다.

드라마나 영화를 보면 죽기 전에 유서를 써서 책상 서랍에 몰래 넣어 놓거나 병실에 누워 가족들을 모아 놓고 유언을 하는 장면이 나옵니다. 하지만 유언은 법이 정해 놓은 형식을 지켜야만 법적인 효력을 가질 수 있습니다. 민법은 왜 이렇게 엄격한 기준을 정해 놓은 걸까요? 유언자가 신중하게 의사 표시를 하도록 하고, 유언이 위조되거나 변조되는 것을 막기 위해서입니다. 은근히 까다로운 유언, 과연 민호 할아버지는 유언장을 무사히 작성할 수 있을까요?

민법은 유언의 방식을 5가지로 정해 놓았습니다. 보통은 자필 증서, 녹음, 공정 증서, 비밀 증서 중 하나의 방식으로 유언을 작성합니다. 질병 및 기타 급박한 사유로 인해 이런 방식을 취할 수 없는 경우에만 구수 증서에 의한 유언을 인정합니다.

자필 증서에 의한 유언은 가장 간단한 방식으로, 유언자가 유언과 연월일, 주소, 성명을 직접 쓰고 날인하면 됩니다. 컴퓨터로 작성하는 사람들도 있는데 이렇게 작성된 것은 자필 증서로 보지 않습니다. 오직 자필로 작성해야 하지요. 더하고 싶거나 바꾸고 싶은 내용이 있으면 유언자가 유언 증서를 수정하고 날인하면 됩니다. 가장 간단한 방법이지만 진위 여부를 판별하기가 어렵고 위조나 변조의 위험이 큽니다.

녹음에 의한 유언은 증인이 지켜보는 가운데 유언자가 유언의 취

지, 성명, 연월일을 구술하고, 증인이
유언자 본인의 유언이 맞음을 증언한
뒤 자신의 이름을 구술하는 것입니다.
간단한 방법이지만 잘못하면 녹음 내
용이 지워지거나 소실될 수 있다는 단
점이 있습니다.

공정 증서에 의한 유언은 유언자
가 직접 유언 증서를 작성하지
않아도 되는 방식입니다. 공증인
이 유언자의 구술을 필기하고 유
언자와 2명의 증인 앞에서 낭독합니
다. 공증인이 필기한 것을 유언자
와 증인이 확인한 후 각자 서명
또는 기명 날인을 하면 됩니다.

비밀 증서에 의한 유언은 유
언의 존재는 명확히 하되 내
용은 비밀로 하고 싶은 경우에
유용합니다. 유언자가 유언을
봉인하고 2명 이상의 증인에
게 제출합니다. 유언 봉서(봉인

한 유언 증서) 표면에 제출 연월일을 기재하고, 유언자와 증인이 각자 서명 또는 기명 날인합니다. 유언 봉서는 표면에 기재된 날로부터 5일 안에 공증인 또는 가정 법원 서기에게 제출하여 봉서에 확정 일자 도장을 받아야 합니다.

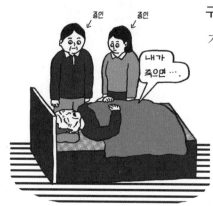

구수 증서에 의한 유언은 질병 및 기타 급박한 사유로 인해 다른 방식으로는 유언할 수 없는 특별한 경우에만 인정됩니다. 재해나 사고로 부상을 입어 생명이 위급한 상태에서 필기를 한다는 건 거의 불가능하겠지요? 그래서 구수 증서는 다른 유언 방식에 비해 형식이 비교적 간단합니다. 유언자가 2명 이상의 증인이 보는 앞에서 유언의 취지를 구수하고(말로 전함), 구수를 받은 사람이 유언 내용을 필기, 낭독한 뒤 유언자와 증인이 유언 내용을 확인한 후 각자 서명 또는 기명 날인합니다. 증인 또는 이해관계인은 급박한 사유가 끝난 날로부터 7일 안에 가정 법원에 검인 신청을 해야 하며, 가정 법원은 재판을 거쳐 검인합니다.

자필 증서에 의한 유언 외에는 모두 증인이 필요합니다. 그러나 미성년자, 피성년후견인과 피한정후견인, 유언으로 이익을 받을 사람, 그 배우자와 직계 혈족은 증인이 될 수 없습니다. 만약 자격이 되지 않는 사람이 증인으로 참여했다면 유언 자체가 무효가 됩니다.

10대를 위한 깜찍한 민법

여러분은 어떤 방법을 선택하고 싶은가요? 각각의 방법에는 장단점이 있습니다. 유언은 유언자가 사망한 때부터 효력이 발생한다는 점, 언제나 상속과 함께 개시된다는 점, 형식을 지키지 않으면 무효라는 점을 고려해서 상황에 맞는 방법을 고르면 됩니다.

유언자는 언제든지 자유롭게 유언 내용의 전부 또는 일부를 철회할 수 있습니다. 예를 들어 건강을 되찾은 민호 할아버지가 상속하려던 돈을 새로운 국수 가게를 차리는 데 쓴다면 상속할 유언 대상이 더 이상 존재하지 않으므로 유언은 철회됩니다. 또 새로운 유언을 함으로써 기존의 유언을 철회할 수도 있습니다. 새로운 유언 역시 법이 정해 놓은 5가지 방식으로 해야 하지만 기존에 한 유언과 같은 방식으로 할 필요는 없습니다.

유언의 효력이나 기한에 조건을 둘 수도 있습니다. '민호가 공부를 열심히 해서 성적 장학금을 타면 다음 학기에 등록금을 상속한다'는 식으로 조건을 두는 것이지요.

전 재산을 기부한다고?
유증, 유류분

민호 할아버지는 주말마다 노숙인들을 위해 국수를 만듭니다. 신선한 재료로 우려낸 시원한 국물로 사람들의 속을 달래 주지요. 민호

할아버지는 노숙인들이 삶의 의지를 되찾는 데 조금이라도 도움을
주고자 십수 년째 이 일을 하고 계십니다. 재산의 3분의 1을 노숙인
단체에 기부한다는 유언을 하시기도 했습니다.

그런데 만약 할아버지가 자신의 재산 전부를 노숙인 단체에 기부
하겠다고 유언한다면 어떻게 될까요? 물론 민호 가족은 할아버지의
뜻을 받들어 유언을 받길 수도 있습니다. 그러나 남겨진 할머니와
가족의 생계 문제를 고려할 때 전 재산을 노숙인 단체에 기부한다
는 유언은 가족에게 가혹한 일일 수 있습니다.

민법은 이러한 경우를 대비해 유언자의 유언에 제한을 두는 유류
분이라는 제도를 만들었습니다. **유류분**은 상속자가 피상속자의 상
속 재산 가운데 일정한 비율을 확보할 권리입니다. 민법은 유언의
자유를 인정하기 때문에 피상속인의 뜻에 따라 법정 상속인을 배제

할 수도 있고 상속분도 조정할 수 있습니다. 그러나 법정 상속인의 상속권을 무색하게 할 경우 유언의 자유에도 한계를 둡니다.

유류분 제도는 법정 상속인의 상속분 전부를 보장하지는 않지만, 상속인의 직계 비속과 상속인의 배우자에게는 법정 상속분의 2분의 1을, 상속인의 직계 존속과 상속인의 형제자매에게는 법정 상속분의 3분의 1의 유류분을 인정하고 있습니다.

예를 들어 민호 할아버지가 전 재산 3억 5000만 원을 노숙인 단체에 기부한다고 유언했다면, 민호 할머니는 법정 상속분인 1억 5000만 원의 2분의 1인 7500만 원을, 민호 아버지와 고모는 법정 상속분인 1억 원의 2분의 1인 5000만 원을 각각 상속받습니다.

유류분의 권리자와 비율	
권리자	비율
배우자	법정 상속분의 1/2
직계 비속	법정 상속분의 1/2
직계 존속	법정 상속분의 1/3
형제자매	법정 상속분의 1/3

빚도 상속된다니!

상속 재산의 범위

민호 할아버지는 주말 봉사활동 외에도 특별한 활동을 하십니다.

바로 〈끼니 걱정〉이라는 요리 프로그램에 출연하는 것이지요. 이 프로그램은 할아버지의 다양한 요리 레시피를 출연자들의 재미있는 입담으로 풀어내 인기를 얻고 있습니다. 할아버지는 건강이 허락하는 한 이 프로그램에 계속 출연할 계획입니다.

그런데 만일 할아버지가 돌아가신다면 〈끼니 걱정〉은 어떻게 될까요? 민호가 출연 계약을 상속받아 대신 출연할 수 있을까요? 할아버지의 사망으로 상속이 개시되는 순간 할아버지의 재산상 모든 권리와 의무는 상속인의 의사와 상관없이 상속인에게 승계됩니다. 그러나 '요리 프로그램 출연'과 같은 일신전속(특정한 사람에게만 귀속하고 다른 사람에게는 양도되지 않음)적인 것은 상속 대상이 아닙니다.

상속 재산에는 아파트나 상가와 같은 부동산, 자동차나 가구 같은 동산, 은행 예금과 같은 채권 등의 적극적 재산뿐만 아니라 소극적 재산인 채무도 포함됩니다. 민호 할아버지의 상속 재산은 국수 가게와 예금, 자동차뿐만 아니라 국수 가게 인테리어를 하느라 은행에서 빌린 돈, 친구에게 빌린 돈, 슈퍼마켓에 외상으로 달아 놓은 담배 값도 포함됩니다. 채무가 적극적 재산보다 많다면 상속인은 할아버지의 빚을 떠안게 되겠지요?

다행히 상속인은 상속을 포기할 수 있습니다. 민법은 상속인이 상속 개시 사실을 안 날로부터 3개월 안에 상속을 승인 혹은 포기하도록 규정하고, 그 기간 안에 결정하지 않으면 단순 승인을 한 것으로 봅니다. **단순 승인**은 피상속인의 권리와 의무를 무제한, 무조건으로 승계하는 상속 방법입니다. 상속인이 상속받은 재산의 한도 안에서 피상속인의 채무와 유증을 변제하도록 하는 **한정 승인**도 있습니다. 한정 승인을 하려면 3개월 안에 상속 재산의 목록을 첨부해서 가정 법원에 한정 승인 신고를 해야 합니다. 채무가 적극적 재산보다 많다는 것이 명백할 경우 한정 승인 절차를 거치지 않고 바로 상속을 포기할 수도 있습니다.

노숙인 아저씨의 죽음
상속인의 부존재

얼마 전 민호 할아버지가 보살펴 주던 노숙인 아저씨가 지병으로 돌아가셨습니다. 불의의 사고로 가족을 잃고 혼자 생활해 온 노숙인 아저씨는 민호 할아버지 덕분에 국수 가게에 취직한 뒤 거처도 마련하고 병원도 다녔지만 건강이 악화되어 끝내 목숨을 잃었습니다.

민호 할아버지와 가족들은 간단하게 노숙인 아저씨의 장례를 치렀습니다. 그런데 짐 정리를 하던 민호가 아저씨의 가방에서 엄청난 액수의 돈을 발견했습니다. 아저씨가 국수 가게에서 번 돈과 폐지를 팔아서 번 돈을 꼬박꼬박 모아 둔 것이지요. 민호 할아버지는 돈을 어떻게 처분해야 할지 몰라 막막했습니다. 여기저기 수소문하며 아저씨의 가족을 찾으려 했지만 결국 찾지 못했습니다.

이처럼 상속인이 없는 경우 피상속인의 재산은 어떻게 될까요?

노숙인 아저씨처럼 가족 관계 등록부에 상속인이 없거나 신원 불명인 사람이 사망한 경우를 위해 민법은 몇 가지 절차를 마련해 두었습니다. 가정 법원은 피상속인의 친족, 기타 이해관계인 또는 검사의 청구에 의하여 상속 재산 관리인을 선임하고 지체 없이 이를 공고합니다. 상속인이 있는지 없는지 알 수 없을 경우 관리인은 피상속인에 대한 채권을 가지고 있거나 유증을 받은 사람이 채권 내용을 신고할 수 있도록 3개월 동안 공고합니다. 이 기간 안에 권리자가 나타나지 않거나 이 절차를 마치고도 남은 상속 재산이 있을 경우 그 재산은 국가에 귀속됩니다.

그런데 민법은 법정 상속인은 아니더라도 피상속인과 특별한 관계를 맺었던 사람을 **특별 연고자**로 인정해 상속 재산을 분여받도록 규정하고 있습니다. 노숙인 아저씨를 돌보고 병간호를 한 민호 할아버지와 같은 경우이지요. 사실혼의 배우자나 사실상 양자와 같이 피상속인과 생계를 같이한 사람, 피상속인을 요양·간호한 사람 등을 특별 연고자로 보고 재산 분여를 원할 경우 상속받을 수 있도록 합니다. 재산 분여를 원하면 상속 재산이 청산된 후 2개월 안에 가정 법원에 **재산 분여**를 청구해야 합니다. 이들은 상속인이 아니므로 채무 등의 의무는 승계되지 않습니다.

모든 가정에 평화를

가사 소송법

절망에 빠져 있던 노숙인 아저씨에게 삶의 희망을 불어 넣어 준 민호 할아버지는 특별 연고자로 재산을 분여받을 자격이 됩니다. 하지만 민호 할아버지는 자신을 특별 연고자로 주장하여 재산을 분여받고 싶은 생각이 조금도 없습니다. 무언가를 바라고 했던 행동이 아니었으니까요. 그런데 민호의 생각은 조금 다릅니다.

"할아버지! 아저씨의 재산을 분여받아서 아저씨 이름으로 노숙인 재활 재단을 만드는 건 어떨까요? 노숙인으로 살다가 성실한 사회인으로 복귀한 아저씨의 사연은 다른 노숙인들에게 희망이 될 것 같아요. 뜻 깊은 일이니 아저씨도 좋아하시지 않을까요?"

"그 생각도 일리가 있구나. 한번 고민해 보자꾸나."

민호의 말을 듣고 보니 할아버지도 노숙인 아저씨가 남긴 재산을 의미 있는 일에 쓰면 좋겠다는 생각이 듭니다. 결국 재산 분여를 청구합니다.

아저씨의 상속인을 수색하고 특별 연고자로서 재산 분여를 신청하는 일련의 절차는 민법의 규정을 전제로 한 가사 소송법이 적용됩니다. **가사 소송법**은 이혼 소송, 위자료, 양육비 청구 소송 등 친족과 상속에 관련한 가사 사건을 다룹니다. 다른 민사 사건과 달리 가족 간의 신분이나 재산이 관련되어 있으므로 더욱 신중하게 진행되지요. 가사 사건은 가정 법원에서 다룹니다.

가사 사건은 가사 소송 사건과 가사 비송 사건으로 나뉩니다. 쉽게 말해 **가사 소송 사건**은 양 당사자가 대립하는 구도인 이혼 소송, 친생자 관계 확인 소송 같은 것들입니다. 이때 법원은 결정권자의 역할을 합니다. **가사 비송 사건**은 '비송', 즉 소송이 아닌 가사 사건을 말합니다. 양육권 결정, 면접 교섭권 행사 등에 관한 사건을 다루며, 법원은 결정권자가 아닌 후견 입장에서 판결합니다.

가사 소송 사건은 가류, 나류, 다류 사건으로 분류합니다. 가류 사건은 혼인 무효, 친생자 관계 존부 확인, 입양 무효 등 신분 관계의 무효에 관한 사건이고, 나류 사건은 혼인의 취소, 재판상 이혼, 입양 취소, 파양과 같이 신분 관계의 취소에 관한 사건입니다. 나류 사건은 가류 사건과 달리 조정 전치주의가 적용됩니다. **조정 전치주의**란 분쟁이 생겼을 때 바로 재판을 청구하는 것이 아니라 조정 기

가사 사건의 종류		
가사 소송 사건	가류 사건	혼인 무효, 친생자 관계 존부 확인, 입양 무효 등 신분 관계의 '무효'에 관한 사건
	나류 사건	혼인의 취소, 재판상 이혼, 입양 취소, 파양과 같이 신분 관계의 '취소'에 관한 사건
	다류 사건	약혼 해제, 이혼, 파양 등 신분 관계의 무효, 취소로 인한 '손해 배상'에 관한 사건
가사 비송 사건	라류 사건	실종 선고, 상속 포기 신고, 유언 증서 개봉 등 후견과 상속에 관한 것
	마류 사건	양육권, 친권자 결정 등 혼인 생활과 친권에 관한 것

간부터 가지는 것을 말합니다. 다류 사건은 약혼 해제, 이혼, 파양 등 신분 관계의 무효, 취소로 인한 '손해 배상'에 관한 사건입니다. 다류 사건은 손해 배상 사건이므로 본질상 민사 사건이지만, 이혼 소송과 함께 손해 배상을 청구하는 등 가사 사건과 동시에 판단해야 할 일이 많기 때문에 편의상 가사 소송으로 분류합니다.

가사 비송 사건은 라류 사건과 마류 사건으로 분류합니다. 라류 사건은 실종 선고, 상속 포기 신고, 유언 증서 개봉 등과 같이 법원이 후견 입장에서 감독, 처분하는 사건이고, 마류 사건은 양육권, 친권자 결정 등 혼인 생활과 친권에 대한 것들입니다. 민호 할아버지의 재산 분여 청구는 가사 비송 사건의 라류 사건에 해당합니다.

청소년을 위한
제6회 민법능력평가

1991년 제정된 이후 큰 변화 없이 이어져 오던 가사 소송법의 전부 개정을 24년 만에 추진하고 있습니다. 미성년자의 권익 보호, 국민의 편익 증진 및 법률 접근성 확대, 가정 법원의 후견 기능 확대, 가사 조정 제도의 정비를 통한 분쟁의 평화적인 조기 해결, 가사 사건 절차 규정의 전면 정비가 개정 목적입니다. 한마디로 가정 법원이 후견과 복지의 기능을 더 잘 발휘할 수 있는 방향으로 개정될 예정이지요.

가정 법원은 단순히 법을 적용하여 판단하는 제3자에 그치는 것이 아니라 가족 구성원의 권리와 의무에 관한 실제적인 기준을 제시합니다. 가정 법원의 후견 기능 확대는 가족 해체, 다문화 가정의 증가 등 변화하는 사회 현실에 대응하는 데 반드시 필요한 조치입니다.

그런데 법원의 후견 역할에는 한계도 있습니다. 가족 간의 문제는 가족 당사자들이 제일 잘 알기 때문에 당사자들의 의견을 듣고 그에 따라 공정하게 법을 적용하는 것이 가장 바람직할 수 있습니다. 후견 기능이 강조되면 당사자의 의견과 법보다는 법관의 개인적인 형평 관념이 더 크게 작용할 여지가 있지요. 여러분은 가정 법원의 후견 역할이 강화되는 것에 대해 어떻게 생각하시나요?

가정 법원은 단순한 법원이 아니라고 생각해. 이혼율이 높아지는 등 가족 해체가 급속하게 일어나고 있는 오늘날, 가정 법원은 가족 해체를 막고 가족 분쟁을 원만히 해결하기 위해 적극적으로 나설 필요가 있어.

가정 법원의 역할에 대해서는 어느 정도 동의하지만, 당사자 간의 사적 자치를 기반으로 한 합의도 존중해야 해. 특히 가족 문제는 가족 구성원 간의 이해와 감정이 우선이야. 후견 기능을 하되 당사자의 의견을 무시하지 않고 공정성을 유지하도록 주의해야 해.

세상의 변화에 발맞추다

관계란 결국 덧없는 것일까요? 관계의 끝을 생각하면 씁쓸해집니다. 평생 함께하자던 다솜이와 민호의 관계는 헤어짐으로 끝이 났습니다. 하지만 시작이 있으면 끝도 있는 법. 끝이 있다는 이유만으로 관계를 덧없다고 할 수는 없습니다.

따지고 보면 헤어짐도 관계의 연속입니다. 관계를 매듭짓는 순간에도 우리는 그 속에서 의미를 찾고 고민합니다. 그렇게 그 관계는 마음속에 남아 또 다른 관계에 영향을 줍니다.

민법은 사람들이 재산 관계와 가족 관계를 맺으면서 겪게 되는 다양한 문제에 대한 해결책을 제시합니다. 우리가 세상과 맺어 온 다양한 관계가 녹아 있는 민법은 다시 우리의 삶에 영향을 주며 개개인과 관계를 맺지요. 헌법, 형법 등 다른 영역의 법들과도 관계를 맺으며 영향을 주고받고 있습니다.

근대 민법에는 당시 사람들의 인간관이 담겨 있습니다. 그들은 인간을 '오직 자신의 이익만 추구하며 다른 사람과 대립하는 존재'

로 전제하지요. 그래서 개인의 의사와 자유를 최우선으로 하는 사적 자치의 원칙이 나왔습니다. 하지만 시간이 지나면서 사람들은 자신의 자유만 앞세워서는 다른 사람과 공존할 수 없다는 것을 깨닫게 되었습니다. 그러면서 더불어 사는 삶의 가치가 중요해졌고, 이것을 다시 민법에 반영하게 되었지요. 오늘날의 민법은 개인의 권리만 생각하지 않고 공공의 이익을 함께 고려하는 방향으로 점차 바뀌고 있습니다.

민법과 우리의 관계는 지금도 변하고 있습니다. 국가 간의 교류가 증가함에 따라 국제 표준의 문제가 중요해지고 있습니다. 동물을 물건이 아닌 생명으로 봐야 한다는 인식이 퍼지면서 동물권, 동물 복지에 대한 관심도 증가했지요. 기술 과학이 급속도로 발전하면서 자율성을 가진 인공 지능 로봇과 어떻게 관계를 맺을 것인가 하는 문제도 화두에 올랐습니다.

그뿐만이 아닙니다. 가족 관계도 변하고 있습니다. 결혼을 안 하거나 못 하는 사람이 많아졌고, 이혼율도 높아지고 있습니다. 1인 가구의 수도 빠르게 늘고 있지요. 다수와 다른 방식으로 사랑하는 사람들의 권리를 인정해 줘야 한다는 목소리도 높아지고 있습니다. 법이 정해 놓은 대로 하는 사랑만이 사랑은 아니니까요. 가족은 동성끼리 만드는 관계일 수도 있고, 함께 공부하는 사람들로 이룰 수도 있고, 길고양이와 만들어 나가는 것일 수도 있습니다. 이 같은 변화를 반영해 가족법을 바꿔 나가야 합니다. 다양한 삶의 방식을 반영하지 못하는 가족 제도는 누군가에게 폭력일 수 있습니다.

너무 작아서 들리지 않던 소곤대는 소리도 일단 들리기 시작하면 계속 귓가를 맴도는 것처럼, 이제 막 들리기 시작한 민법 이야기도 앞으로 여러분의 귓가를 맴돌 것입니다. '노잼'이던 일상에 소소한 재미가 더해지겠지요. 귓가에 민법 이야기가 들려올 때면 그 이야기가 과연 더 나은 삶을 위한 것인지 생각해 보세요. 그렇게 고민을 이어 가다 보면 이 세상이 점점 더 특별해 보일 겁니다.

참고문헌

1장 / 깜찍한 민법과 만나는 시간
- 총칙

- 곽윤직 외,《민법총칙》, 박영사, 2013.
- 박찬운,〈동물보호와 동물복지론〉,《인권법의 신동향》, 한울아카데미, 2012.
- 양창수,《민법입문》, 박영사, 2015.
- 장경학,《법률과 문학》, 교육과학사, 1996.

2장 / 너와 나의 약속 - 약정 채권

- 곽윤직,《채권각론》, 박영사, 2005.
- 곽윤직,《채권총론》, 박영사, 2003.
- EBS〈자본주의〉제작팀 외,《자본주의》, 가나출판사, 2013.

3장 / 책임을 정당하게 분배하다
- 법정 채권

- 곽윤직,《채권각론》, 박영사, 2005.
- 서윤호 외,《10대를 위한 재미있는 형법 교과서》, 다른, 2013.
- 서윤호 외,《생각이 크는 인문학 8: 정의》, 을파소, 2015.
- 정희진,《페미니즘의 도전》, 교양인, 2013.

4장 / 세상의 모든 물건에 깃든
권리 - 물권법

- 곽윤직 외,《물권법》, 박영사, 2015.
- 양지열,《이야기 민법》, 마음산책, 2012.
- 임정은,《김치도 꽁치도 아닌 정치》, 다른, 2014.

5장 / 의외로 모르는 가족 이야기
- 친족법

- 몸문화연구소,《우리는 가족일까》, 은행나무, 2014.
- 서윤호 외,《10대를 위한 생각하는 헌법》, 다른, 2014.
- 이화숙,《가족, 사회와 가족법》, 세창출판사, 2012.
- 한기찬,《재미있는 법률여행 2 - 민법: 가족법》, 김영사, 2014.

6장 / 끝은 또 다른 시작 - 상속법

- 김현선,《친족 상속 가사실무》, 정기웅 감수, 백영사, 2011.
- 윤대성,《가족법강의》, 한국학술정보, 2013.

교과 연계표

중학교 사회 ②	8. 일상생활과 법 (1) 법의 의미와 기능 (2) 생활 영역에 따른 법의 분류 (3) 재판과 심급 제도
고등학교 사회·문화	5. 일상생활과 사회 제도 (1) 사회 제도의 의미와 가족 제도
고등학교 법과 정치	1. 민주 정치와 법 (4) 정치권력과 법치주의
	4. 개인 생활과 법 (1) 민법의 기초 이해 (2) 계약과 불법 행위 (3) 개인 간의 분쟁 해결 (4) 생활 속의 법
	5. 사회생활과 법 (2) 법치 행정과 행정 구제 (4) 소비자의 권리와 법 (5) 근로자의 권리와 법

*2015년 교과서 기준

10대를 위한 깜찍한 민법

찾아보기

다른 청소년 교양 6

10대를 위한 깜찍한 민법

초판 1쇄 2015년 10월 23일
초판 4쇄 2023년 6월 19일

지은이 서윤호, 오혜진, 최정호
그린이 김인엽
펴낸이 김한청
기획편집 원경은 차언조 양희우 유자영 김병수 장주희
디자인 이성아 박다애
마케팅 박태준 현승원
운영 최원준 설채린

펴낸곳 도서출판 다른
출판등록 2004년 9월 2일 제2013-000194호
주소 서울시 마포구 양화로 64 서교제일빌딩 902호
전화 02-3143-6478
팩스 02-3143-6479
블로그 http://blog.naver.com/darun_pub
인스타그램 @darunpublishers
이메일 khc15968@hanmail.net

ISBN 979-11-5633-056-1 (44360)
ISBN 978-89-92711-87-6 (SET)

* 잘못 만들어진 책은 구입하신 곳에서 바꾸어 드립니다.
* 값은 뒤표지에 있습니다.
* 이 도서의 국립중앙도서관 출판시도서목록(CIP)은
  서지정보유통지원시스템 홈페이지(http://seoji.nl.go.kr)와
  국가자료공동목록시스템(http://www.nl.go.kr/kolisnet)에서 이용하실 수 있습니다.
  (CIP제어번호: CIP2015027259)